目次

第1章 基本的事項　7
　1.1　はじめに 7
　1.2　基礎的な事項 9
　1.3　スタック, キュー, リスト 15

第2章 木構造　39
　2.1　二分木 39
　2.2　二分探索木 48
　2.3　平衡二分探索木 58
　2.4　ヒープ 61

第3章 ハッシュ法　67
　3.1　ハッシュの概念 67
　3.2　ハッシュ関数の設計 68
　3.3　衝突の処理 71

第4章 ソート　81
　4.1　選択ソート 81
　4.2　挿入ソート 84
　4.3　バブルソート 86
　4.4　クイックソート 89
　4.5　マージソート 95
　4.6　ソートに関する話題 100

おわりに　105

図目次

1.1	スタックの動作	15
1.2	スタックアプリの動作	17
1.3	キューの動作	18
1.4	キューアプリの動作	21
1.5	配列によるリストの動作	22
1.6	リスト (配列) アプリの動作	23
1.7	`Node` 型の表現	26
1.8	リスト (参照型) の初期化	26
1.9	リスト (参照型) でのノードの挿入	27
1.10	リスト (参照型) でのノードの探索	27
1.11	リスト (参照型) でのノードの削除	28
1.12	リスト (参照型) アプリの動作	30
1.13	配列による整列済みリストの動作	32
1.14	順序付きリストアプリの動作	35
2.1	木 T の表現 (左: 集合によるもの, 右: 親子関係によるもの)	40
2.2	二分木と拡張された二分木	41
2.3	二分木の実現	43
2.4	節と二分木の初期化	44
2.5	二分木の走査	46
2.6	二分木と順序 (前順序, 中順序, 後順序)	46
2.7	二分探索木	48
2.8	二分探索木アプリの動作	48
2.9	二分探索木からの削除 (再帰)	53
2.10	二分探索木からの削除 (1)	56
2.11	二分探索木からの削除 (2)	56
2.12	回転操作	59
2.13	赤黒木	60
2.14	ヒープ	62
2.15	ヒープ	62
3.1	分離連鎖法によるハッシュ	72
3.2	線形探査法によるハッシュ	73
3.3	ハッシュアプリの動作	75

4.1	選択ソートの過程	82
4.2	選択ソートアプリの動作	83
4.3	挿入ソートの過程	85
4.4	選択ソートアプリの動作	86
4.5	バブルソートの過程	88
4.6	バブルソートアプリの動作	89
4.7	クイックソートの過程	92
4.8	クイックソートアプリの動作	93
4.9	マージソートの過程	97
4.10	マージソートアプリの動作	99
4.11	決定木	101

アルゴリズムの一覧

1	選択ソート	10
2	リスト (参照型) の初期化	26
3	リスト (参照型) での要素 data の追加	27
4	リスト (参照型) での要素 data の探索	28
5	リスト (参照型) での要素 data の削除	29
6	整列済みリストから data を探す (二分探索)	33
7	整列済みリストに data を挿入	34
8	二分探索木の探索	49
9	二分探索木への挿入	51
10	二分探索木からの削除 (再帰)	52
11	二分探索木からの削除 (非再帰)	55
12	ヒープへの挿入	63
13	ヒープからの削除	64
14	分離連鎖法	71
15	分離連鎖法での探索	72
16	線形探査法	74
17	選択ソート (再掲)	81
18	挿入ソート	84
19	バブルソート	87
20	最大値の発見 (再帰)	90
21	クイックソート	91
22	マージソート	96
23	ヒープソート	100
24	計数ソート	103

第1章

基本的事項

1.1 はじめに

　皆さんはどの程度プログラムを作ってきたでしょうか．思い通りにプログラムを作るのは，なかなか難しいものではないでしょうか．プログラムを作る際には，入力と出力を意識すると作りやすくなります．入力とは，プログラムにこれで何かしてくださいと，前もって与えるもの (データと呼びます) です．何も入力がないときもあります．

　出力とは，入力のデータを元にプログラムを動かした結果です．この出力が，プログラムを使って欲しかったものです．

　次の場合を考えてみましょう．10人の学生が身長を測り，背の小さい順で並ぶことになりました．このとき，入力は，10人の身長，つまり，10個の数値になります．出力は，背の小さい順で並んだ学生達です．これは，10個の数値 (入力) を小さい順に並べる (出力) ことです．このような操作を **ソート**，もしくは **並べ替え** と言います．

　ソートしてくださいといわれると，どのようなプログラムを作りますか？例えば，最も小さな数値を見つけて先頭に持っていき，残った中で最も小さな数値を見つけて2番目に持っていく，という手順を繰り繰り返すとソートができます．このような方法自身を**アルゴリズム**といいます．つまり，アルゴリズムとは，何らかのことを正しく[*1]おこなう手順です．プログラムを作る (**プログラミング**と呼びます) というのは，アルゴリズムをプログラミング言語 (例えば，C言語，Java言語やJavaScriptなど) で書き，コンピュータ上で実行できるようにすることです．

　ソートをおこなう色々なアルゴリズムが知られています．先ほどのアルゴリズムは，**選択ソート**と呼ばれている方法です．選択ソートは，ソートする数値の個数の2乗に比例して手間がかかるので，処理時間が長くなります．もっと手間の少ないソートのアルゴリズムには，マージソートがあり，選択ソートよりも少ない手間[*2]で終わることが知られています．

　ある処理をおこなうときに，使うアルゴリズムによって，どの程度の手間が必要になるのかが決まります．アルゴリズムを考えて，その手間を解析するのがアルゴリズム論という分野の研究になります．この分野では，非常に多くの研究がなされており，様々な結果が蓄積がされています．本書では，いくつかの代表的なアルゴリズムを取り上げながら，アル

[*1] 正しくというのは，アルゴリズムが思った通りの答えを出す，必ず終わることをいいます．間違った答えを出す，終わらない方法というのは，困った物です．

[*2] どれぐらい早くなるかは，ソートの節で説明します．

ゴリズム論を学んでいきます．

では，データ構造とは何でしょうか．データ構造とは，扱うデータとデータに対する操作の組です．例えば，配列にデータ (数値) が入っており，ある数値があるかどうか見つけることを考えます．このとき，用意されたデータ構造と手続きによって，必要とする手間が変わってきます．本書は，章ごとに様々なデータ構造を扱っていきます．どのデータ構造が，どのような時にあっているのか，考えながら読み進めてください．

本書の読み方

本書では，それぞれの節に **概要**，**実装**，**解析**が含まれます．まず，**概要**でそのデータ構造がどのようなものかを直感的に理解してください．その上で，アプリを使い，実際の動作をみることをお勧めします．また，途中に練習となっている部分があります．ここは，実際にデータ構造を手で動かす部分です．必ずおこなうようにしてください．

さらに学びたい人は，**実装**を読んでみてください．大体のデータ構造は，概要に書かれていることがそのまま実装されています．自身でコードを改良してみると，さらに理解が深まることになります．

その上で，**解析**を読んでみましょう．ここには，数学的な解析もあります．中身をしっかりと読むのは難しくても，最終的な結果をみると，なるほどと思うこともあるかもしれません．

アプリも含め，色々な使い方/読み方ができますので，自身の理解に応じて，学習を進めていってください．

> **サポートページ**
>
> 本書のサポートページを以下の場所に用意しています．アプリはこちらからダウンロードしてください．また，ソースコードへのリンクもありますので，参考にしてください．
> https://edu.monaca.io/data

本書籍を作成するにあたり，JavaScript のソースコードとアプリを提供していただいたアシアル株式会社に感謝いたします．また，本書を執筆する機会を与えていただいた岡本雄樹さんにも深く感謝いたします．本書の大部分は北海道大学 基盤 (S) 離散構造処理プロジェクト研究室での，サバティカル中 (2018 年 10 月から 2019 年 3 月) に書かれました．同所での滞在を許可していただいた湊真一教授，日々暖かく迎えてくれました渡辺幸恵さんに感謝いたします．最後に，サバティカルに快く送り出してくれた妻に感謝します．

1.2 基礎的な事項

本節では，アルゴリズム論を学ぶ上で，基礎となる事項を説明します．本節には，概念や数式があります．これらに慣れていない方は，文章や用語解説だけを読んで，次の節に進むこともできます．

1.2.1 計算モデル

ここでは，アルゴリズムの「手間」を測るための**計算モデル**について説明します．

同じ問題を処理するアルゴリズムでも，アルゴリズムが異なると，必要となる計算時間やメモリの使用量が変わってきます．その変化を見るために，複数のアルゴリズムをプログラムにし，実行にかかる時間やメモリの使用量を測る方法があります．しかし，この方法にはいくつかの問題点があります．

- 異なる計算機で実行すると，計算時間が変わってしまう．
- コンピュータではオペレーティングシステム (OS) を含む複数のプログラムが実行されているため，正確にそのプログラムだけの実行時間やメモリの使用量を測るのが難しい．

「最新型のパソコンで実行すると早く終わった」とか「OS の更新中だったので，処理に時間がかった」ということでは比較ができません．そこで計算モデルが考えられました．計算モデルの上で，アルゴリズムを動かし，そこでおこなわれる比較や計算の回数などを数えることで，アルゴリズムの手間を統一的に測ることができます．

様々なタイプの計算モデルがありますが，本書では，**RAM**(Random Access Machine) と呼ばれる計算モデルを扱います．RAM は，理想的な計算機で次のようなものです．

定義 1 RAM は，無限に実数を持つことができるメモリ領域と，計算をするための有限個のレジスタからできています．メモリ領域は，連続した番地を持つ保存場所です．また，RAM は，次のことが単位時間で計算できます．メモリとレジスタ間のデータの転送，データの比較，四則演算[*3]，ビット演算．

RAM は簡略化された計算モデルですが，いくつかの演算では普通のコンピュータでできないことができます．例えば，無理数 (例えば $\sqrt{3}$) や円周率 π は普通のコンピュータでは，正しい値を持つこともできません．一方，RAM では正しい値を持ち，これらの数を使った計算も誤差なく計算することができます．

> **用語説明：メモリ**
>
> コンピュータの記憶装置のうち高速に見ることができる場所をメモリと言います．プログラムを実行する際には，プログラムもデータも全てがメモリの中にあることになります．パソコンやスマートフォンでは，メモリや RAM (Random Access Memory) と呼ばれる部分です．

[*3] これらの演算は誤差無く計算できるとします．

> **用語説明：レジスタ**
>
> CPU(Central Processing Unit, 演算処理をおこなう装置) に含まれる記憶装置です．メモリよりも高速にデータの読み書きをすることができますが，その容量はメモリ領域よりも少ないです．

1.2.2 計算量

ここでは，これまで「手間」と書いていたものを表す方法について説明していきます．

定義 2（計算量） 計算モデル RAM 上で，アルゴリズムを実行し，終了までに必要となる比較，四則演算などの総回数を **時間計算量 (time complexity)** と呼びます．また，アルゴリズムを実行するのに必要となるメモリの量を **領域計算量 (space complexity)** と呼びます．

[注意] 以降では，単に計算量というと，時間計算量を表すことにします．

アルゴリズムに与える入力の大きさを**問題サイズ**といい，n で表します．ソートの場合は，並び替えたい数値の個数が問題サイズになります．

前節で取り上げた選択ソートを例に計算量を説明します．選択ソートのアルゴリズムを擬似コードで書くと，アルゴリズム 1 のように書けます．

アルゴリズム 1 選択ソート

入力: data[] : n 要素の配列
出力: data[] : ソート済み配列
1: **for** (i を 0 から $n-2$ まで増やす)
2:     min に i を代入;   // min は i のときの最小の値を保持
3:     **for** (j を $i+1$ から $n-1$ まで増やす)
4:         **if** (data[j] が data[min] よりも小さい) **then**
5:             min に j を代入;
6:     temp に data[min] を代入;   // temp は置換のための変数
7:     data[min] に data[i] を代入;
8:     data[i] に temp を代入;

今，10 個の数字を選択ソートを使って，ソートしてみましょう．ここでは，比較の回数を数えていきます．最初に 1 行目の **for** 文にきたときは，$i=0$ から始まります．そのため，j は 1 から始まります．このとき，data[0] と data[1] の大小を比較し，data[1] が data[0] よりも小さいときは，値の交換をおこないます．j は 1 から 9 まで動くため，比較を 9 回おこないます．次に，$i=1$ のときは比較を 8 回，$i=2$ のときは比較を 7 回おこないます．$i=0$ から $i=8$ までの比較の回数を数えてみると，

$$9+8+7+\cdots+1 = 45 \left(= \frac{1}{2} \times 10 \times (10-1)\right)$$

となります．

では，n 個の数値でアルゴリズム 1 をおこなうときの比較の回数を数えてみましょう．まず，1 番小さな数を決めるために $(n-1)$ 回の比較が必要です．2 番目に小さな数を決め

1.2 基礎的な事項

るために $(n-2)$ 回の比較が必要です．これを繰り返していくので，比較の総数は，次のようになります．

$$(n-1)+(n-2)+\cdots+1 = \sum_{k=1}^{n-1} k = \frac{1}{2}n(n-1)$$

このとき，アルゴリズム 1 の比較に着目した計算量は $\frac{1}{2}n(n-1)$ となります．比較以外に必要な操作として，比較をおこなった際に，数値を交換する必要があります．これは，比較をおこなった際に 3 回の代入が必要となるので，どんなに多くても $\frac{1}{2}n(n-1) \times 3$ 回で終わります．さらに，n 個のデータを読み込むのに n に比例する手間がかかります．また，データの個数に関わらない操作もあります．これらをすべて加えてみると，以下のようになります．

$$c_2 \cdot \frac{1}{2}n(n-1) + c_1 n + c_0$$

c_0, c_1, c_2 は正の数であり，それぞれの操作の 1 回あたりの実行時間に回数を掛けたものと考えるとよいでしょう．しかし，このような書き方をしていると，アルゴリズムの性能を表すのが，非常に面倒になってしまい，他のアルゴリズムとの比較が難しくなります．そこで，**漸近計算量** という考え方を使います．漸近計算量を使うと，そのアルゴリズムがどれぐらいの計算量になるのかが，簡単に表せます．

定義 3（オーダ記法） あるアルゴリズムの計算量を $T(n)$ とします．ある自然数 n_0，正数 c と非負関数 $f(n)$ を考えます．自然数 $n > n_0$ に対して，

$$T(n) \leq c \cdot f(n) \tag{1.1}$$

が必ず満たされるとき，$T(n) = O(f(n))$ と書き，オーダが $f(n)$ であるといいます．

[例] 選択ソートの計算量 $T(n)$ を展開すると，$T(n) = a_2 n^2 + a_1 n + a_0 \, (a_2 > 0)$ と書くことができます．$f(n) = n^2$ とすると，ある程度大きな n に対しては，a_2 よりも大きな c を使って，

$$T(n) = a_2 n^2 + a_1 n + a_0 \leq cn^2$$

と書くことができます．よって，$T(n) = O(n^2)$ となります． □

[練習] $a_2 = \frac{1}{2}, a_1 = -10, a_0 = 1$ としたとき，c としてどのような数字を考えれば上の関係が成り立つか考えてみましょう．また，$a_2 = \frac{1}{2}, a_1 = 5, a_0 = 1$ としたとき，c としてどのような数字を考えればよいでしょうか．もし，どんな n でも，上の関係が成り立たないなら，どういう n であれば，成り立つか考えてみましょう．

オーダ記法では，もっとも増える割合の大きい項 (上の例では，n^2) だけで計算量を表すことができます．これにより，オーダ記法では，係数の無い 1 つの項だけで計算量を表すことになります．この関係は，n がある程度大きな場合に成り立つため，**漸近計算量** と呼ばれています．

> **用語解説：漸近 (ぜんきん) 計算量**
>
> 漸近計算量は，大雑把に計算量を見積もる方法です．ある程度大きな n の値の時は，これぐらいの時間やメモリが必要になるというのを見積もっています．このとき，増え方が最も大きい項だけで計算量を表します．これは，他の項の影響よりも，その最大の項が計算量に最も影響を持つためです．小さな n の時は，実装が難しいがオーダ記法では早いアルゴリズムよりも，簡単なアルゴリズムの実装の方が早い場合もあります．

式 (1.1) を

$$T(n) \geq c \cdot f(n)$$

と変えます．$f(n)$ がこの関係式を満たすとき，$T(n) = \Omega(f(n))$ と書き，計算量の下限を表します．ただし，下限は，アルゴリズムにより決まる値ではなく，問題により決まります．つまり，どんなアルゴリズムを使っても，これだけの手間が必要となるということを示して初めて，下限を示すことができます[*4]．

また，式 (1.1) を

$$c \cdot f(n) \leq T(n) \leq c' \cdot f(n)$$

とし，$f(n)$ がこの関係式を満たすとき，$T(n) = \Theta(f(n))$ と書き，アルゴリズムは**最適**であるといいます．今後，アルゴリズムの時間計算量，領域計算量をオーダ記法を用いて表していきます．

オーダ記法で計算量を表すと，アルゴリズムの計算量をいくつかの段階に分けることができます．

$O(1)$ **時間**　問題サイズに関係なくできるアルゴリズムや操作です．例えば，RAM モデルで仮定した一定時間でできる操作です．インターネットやゲノムなどに関する問題では，問題サイズが非常に大きくなるため，この計算量のアルゴリズムが必要になることがあります．

$O(\log n)$ **時間**　この計算量は，二分探索などで出てきます．通常の用途では，この計算量のアルゴリズムは，実用的な時間で計算が終わります．

$O(n)$ **時間**　この計算量は，入力サイズ n に比例する時間で終わるアルゴリズムが含まれます．たとえば，配列に保持された n 個の数値の中で最大の数値を見つけるには，先頭から順に最後までみていけば見つかります．このアルゴリズムは，$O(n)$ 時間で終了します．最大の数値を見つけるには，全ての数値を見る必要があるので，必ず $\Omega(n)$ 時間かかります．そのため，このアルゴリズムは，最適な $\Theta(n)$ 時間のアルゴリズムとなります．

$O(n \log n)$ **時間**　n が小さい場合には，$O(n)$ の場合とあまり変わらない性能がでることもあります．例えば，マージソートはこの計算量になります．

$O(n^2)$ **時間**　選択ソートは，この計算量になります．データ構造やアルゴリズムを上手に作ると，問題によっては $O(n \log n)$ 時間のアルゴリズムができるときがあります．

$O(n^k)$ **時間**，k **は自然数**　この計算量を持つアルゴリズムは，多項式時間アルゴリズムと呼ばれます．多項式時間アルゴリズムは，実装した場合に，n がある程度の大きさま

[*4] 一般に，計算量の下限を示すことは難しいです．一つの方法として，元の問題を，既に下限のわかっている別の問題として表すことで，示すことができます．

1.2 基礎的な事項

では動作します．あまり大きな n に対してはプログラムが，現実的な時間では終了しないことがあります．

$O(2^n)$ **時間** この計算量は，指数時間アルゴリズムと呼ばれます．この計算量のアルゴリズムの実装は，小さな n に対しては動作しますが，n が大きくなってくると，プログラムは現実的な時間ではほぼ終了しません．

用語説明：対数 (logarithm)

対数とは，ある数字 x を $x = A^y (A > 0)$ と表したときの指数 y です．x と A を決めると y は決まりますので，y は x の関数になり，$y = \log_A x$ と書きます．A を対数の底と呼び，$A = 10$ の時は x の桁数が，$A = 2$ の時は x を2進数で書いたときの桁数が対数の値になります．計算量で出て来る対数は，底の変換公式を使うことで，変換ができますので，どんな底であると考えても問題はありません．

問題

1. 次の表を埋めて，1つの図にすべての関数のグラフを書きなさい．電卓，グラフ描画ソフトや Excel などを使ってもよいです．

データ数 n	10	100	10^3	10^4	10^5	10^6	10^7	10^8
$\log_2 n$								
$200n$								
$n \log n$								
$n^2/100$								
n^{10}								
2^n								

2. 計算機が1つのことをおこなう単位時間を 10^{-10} 秒とするとき，上の時間がどの程度の時間になるのか計算してください．値の大きな部分は，秒だけなく，日や年という単位も使ってください．

3. 問題の入力サイズを n とします．アルゴリズム A の計算量が $O(n)$ で，アルゴリズム B の計算量が $O(n \log n)$ 時間であるとします．このとき，アルゴリズム C は，アルゴリズム A を実行し，そのあとにアルゴリズム B を実行するとします．アルゴリズム C の計算量が，$O(n \log n)$ であることを示してください．

4. [発展] 一般に，計算量が $O(f(n))$ のアルゴリズムと計算量が $O(g(n))$ のアルゴリズムを順に実行するアルゴリズムの計算量は，$O(\max\{f(n), g(n)\})$ となります．これを示してください．

1.2.3 基本的なデータ型

本節では，配列，クラス，参照型について，説明します．

配列は，何らかの型を並べたデータ型です．JavaScript では，

```
var boxes = new Array(size) ;
```

と宣言することができます[*5]. ここで, `boxes` は変数名で, `size` は, あらかじめ定義した自然数です. 例えば `size` を 10 とすると, `boxes[0]` から `boxes[9]` までの 10 個の変数を一度に宣言することができます.

クラスは, 自分で新たな型を作るときに使う構造で, オブジェクト指向[*6] のプログラム言語には, ほとんど含まれています.

JavaScript では, 次のようにクラスを宣言します.

```
class myClass {
    ....
}
```

クラスの中では, 属性 (プロパティ) やメソッドを定義することができます. また, 単にデータを保持するだけのクラスというのも定義できます. 例えば, 次のように書くことで, 配列を持つクラスを作ることができます.

```
class myClass {
    constructor(size){
        this.size = size;
        this.boxes = new Array(size)
    }
}
```

参照型は, メモリの番地を持つための型です. RAM では, メモリが連続した番地を持つとしました. このメモリの番地を持つ型が参照型です. この型を用いることで, メモリ上の番地を指定して, その場所にあるデータの書き込みや削除などをおこなうことができます.

JavaScript では, 参照型や参照値を見ることはありません. しかし, 基本型以外のオブジェクトの変数の中身は, そのオブジェクトの参照値となります. 例えば, 配列を表す変数には, 参照値が入っています. また, 次のように書いたとき, 変数 `use` は参照値が入っています.

```
var use = new myClass(10);
```

このように宣言することで, `myClass.size` や配列 `myClass.boxes` などを使うことができます.

[*5] `size` 無しでも定義はできます.

[*6] オブジェクト指向については, 多くの専門書があるため, そちらを参考にしてください.

1.3 スタック, キュー, リスト

本節では, 基本的なデータ構造であるキュー, スタックとリスト構造について説明します. これらのデータ構造は, いずれもデータを保持するためのもので, データを入力する, 削除するなどの機能を持っています.

1.3.1 スタック

概要

スタック (stack) は, 簡単な構造ですが, 様々な場所で利用されるデータ構造です. スタックは, データを保持することができ, その入力と出力は, 後入れ先出し (Last In First Out, **LIFO**) となります. つまり, 最後に入れた要素だけが取り出せ, それ以外の要素は, 取り出せません.

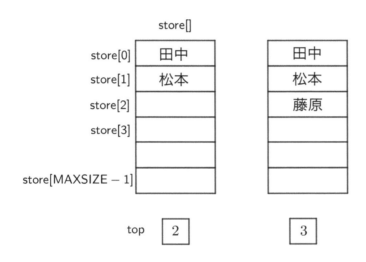

図 1.1　スタックの動作

図 1.1 は, スタックを模式的に表したものです. スタックには, データを入れるための**プッシュ** (push), データを取り出すための**ポップ** (pop) という操作があります. スタックに, あるデータをプッシュすると, スタックにそのデータを保存できます. 図 1.1(左) のスタックに藤原をプッシュすると, 図 1.1(右) となります. この時, データを保存する場所は, 空いている場所です. ただし, 前のデータとの間に空きがないように続けてデータを入れていきます. また, スタックからポップをすると, もっとも最近に入れられたデータが取り出されます. 図 1.1(左) でポップをおこなうと, 松本が取り出されます.

スタックを実現するために, データを保持する配列 store[ ] と変数 top を利用します. 変数 top は, スタックに入っているデータの数であり, 次にデータを入れる配列の場所 (添字) です. 図 1.1(左) の場合であれば, top が 2 なので, スタックは 2 個のデータを保持しており, 次にデータが入るのは配列の添字が 2, つまり store[2] となります. データをポップする際には, 配列の添え字が top-1 となっている場所からデータを取り出し, top を 1 だけ減らします.

[練習] スタックにいくつかのデータを入れて，取り出してみましょう．例えば，札幌，東京，名古屋，大阪，福岡などをスタックに入れて，出してみましょう．

実際にスタックを実装するには，プッシュ，ポップ以外にも次のような操作を用いると便利です．スタックに用意されている操作は，スタックが空であるかどうかを判定する empty，全て埋まっているかどうかを判定する full，データを入れる push，データを取り出す pop です．

実装

これらのメソッドをもつスタックを，配列を用いて作成しました (リスト 1.1)．

リスト 1.1 stack.js

```js
const Stack = {
    top: 0,
    store: new Array(STORE_MAX_SIZE).fill(""),

    push: function(data) {
        if(!this.full()) {
            this.store[this.top] = data;
            this.top++;
        } else {
            alert("これ以上入りません");
        }
    },

    pop: function() {
        if(!this.empty()) {
            this.store[this.top-1] = "";
            this.top--;
        } else {
            alert("データがありません");
        }
    },

    full: function() {
        if(this.top >= STORE_MAX_SIZE) {
            return true;
        } else {
            return false;
        }
    },

    empty: function() {
        if(this.top <= 0) {
            return true;
        } else {
            return false;
        }
    }
};
```

リスト 1.1 では，まず，Stack で用いる変数を宣言しています．宣言している変数は，スタックがどこまで使われているかを表す top，スタックのデータを保存している配列を表す store[] です．スタックの最大サイズを表す STORE_MAX_SIZE は別の JavaScript ファイル common.js で宣言しています．Stack を const として宣言し，データ構造の書き換えができないようにしています．その上で，top を 0 にして，store を作成しています．

まず，データを入力する push を定義しています．push は，引数のデータ (data) をスタックに入れるためのメソッドです．このとき，スタックが満杯でないとき (full で判断) には，store[top] に値を入れ，top を 1 だけ増やします．そうでないときは，"これ以上入りません" と出します．

次に，pop は，スタックからデータを取り出すメソッドです．まず，スタックが空かどう

かをemptyで判定し, 空でない場合には, topを1だけ減らし, store[top]に含まれる値を返します. スタックが空の場合は, "データがありません"と画面に表示します.

次は, fullを定義しています. fullは, スタックにデータを入れることができるかどうかを判定するメソッドです. 配列がデータで埋まっているとき, つまりデータの数を表しているtopとSTORE_MAX_SIZEを比べると, 判定ができます. ここでは, topの値がSTORE_MAX_SIZE以下のときtrueを, そうでないときはfalseを返します.

emptyは, スタックが空の時に, つまり, topが0以下のときに, trueを返し, そうでないときに, falseを返すメソッドです.

図 1.2　スタックアプリの動作

図1.2は, スタックアプリの画面です. 上の空欄にデータを入れ, IN ボタンを押すと, スタックにデータが入ります (push). また, OUT ボタンを押すと, スタックからデータが取り出されます (pop). 図1.2左は, 10個の文字列を順に入れたところです. 伊集院の添字がもっとも大きいので, OUT ボタンを押したしたときには, 伊集院が取り出されます. 図1.2中は, 図1.2左の状態で, IN ボタンを押した時の画面です. スタックは満杯なので, "これ以上入りません"と表示されています. 図1.2右は, スタックにデータがない, つまり配列にデータがない時に, OUT ボタンを押したときの画面です. スタックにはデータがないので, "データがありません"と表示されています.

解析

スタックで定義されたメソッドpush, pop, empty, fullは, データ数を表すtopと関係なく終了する操作なので, 計算量は全て$O(1)$時間になります.

問題

1. JavaScriptの配列には, スタックの機能 (push, pop) が含まれています. JavaScriptのスタックと, ここで作成したスタックの動作を比較してみましょう.
2. 次の単語の各文字を, 単語に含まれる順番でスタックに入力します. このとき, pushとpopで作ることができる文字列を全て書いてください. 例えば, さくらという文字列だと, push(さ), push(く), pop(), push(ら), pop(), pop()と実行すると, くらさという文字列が得られます.

(a) きぬた
(b) にいがた
(c) かいさいち
(d) せかいいち

3. [発展] スタックに n 個の相異なる文字を入力した時に, push と pop で作ることができる文字列の数は, カタラン数

$$C_n = \frac{1}{n+1}\binom{2n}{n}$$

となることを示してください.

1.3.2 キュー

概要

キュー (queue) は, スタックと同様に, データを保持するためのデータ構造です. キューは, 先に入れたデータを先に取り出します. つまり, 先入れ先出し (First In First Out, **FIFO**) になります.

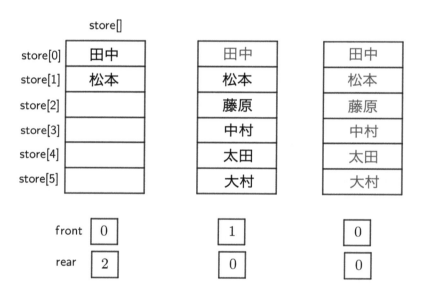

図 1.3 キューの動作

図 1.3 は, キューの動作です. キューへの入力は, スタックの場合と同じで, データのすぐ後の空いている場所 (rear で表します) に追加されます. キューからの取り出しは, 先頭を表す front の指す場所から値を取り出します.

[練習] キューへのデータの追加と取り出しをおこなってみよう. 例えば, 田中, 加藤, 鈴木, 藤原をこの順でキューに入れたり, 出したりしてみましょう.

配列を用いたキュー

配列 store を使ったキューの実装を考えてみましょう．配列を使って，キューを作るには，キューにデータを入れる場所，キューからデータを取り出す場所がわかっていれば，あとは配列の操作となります．つまり，操作する場所を表す配列の添字がわかっていればよいのです．

今，次にデータを入れる場所の添字を rear で，データを取り出す場所の添字を front とします．データを入れるときは，store[rear] にデータを入れて，rear を 1 だけ増やせば，データの格納と次に入れる場所の準備が終了します．データを取り出すときは，まず store[front] のデータを返します．その上で，front の値を 1 だけ増やします．rear の値は，front の値よりも大きいか，等しい値しかとれません．その差 (rear−front) がキューに含まれるデータの数になります．

キューにデータを入れる，キューから取り出すを繰り返すと，rear と front の値は，どんどん大きくなっていきます．実際のコンピュータでは，メモリ領域は有限なので，ある大きさの配列でキューを作成すると，rear や front の値は，その配列の範囲を超えてしまいます．通常は，エラーとなりますが，セキュリティホールとなることもあります．そこで，配列の大きさが決まっていても，キューの機能を実現できる**円環キュー**と呼ばれる方法が考えられました．

円環キュー

円環キューでは，キューに保持できるサイズ (STORE_MAX_SIZE) をあらかじめ決めておきます．ここでは (STORE_MAX_SIZE−1) 個までデータを持てるとします．最初に，(STORE_MAX_SIZE−1) 個のデータを入れると，キューにはそれ以上データが入れれません (この状態を満杯と呼びます)．しかし，データをいくつか取り出すと，先頭部分に空きができるので，その部分に新たにデータを入れる方法です．一時的に持つ最大のデータ数が予想できる場合には，データ数程度の大きさの配列で，(円環) キューを作ることができます．

図 1.3 左は，キューにデータがない場合 (つまり，rear が 0 の状態) から順に 2 つのデータ (田中，松本) を入力した状態です．front は 0 なので，次に取り出されるのは，store[0] の田中です．rear は 2 であるので，次にデータが入るのは，store[2] です．

図 1.3 中は，図 1.3 左の状態に，藤原，中村，太田，大村というデータを追加し，一つだけデータを取り出した状態です．取り出されたデータは，薄い文字で表されています．ただし，配列の中にデータはあるので，データ自身がなくなったわけではありません．円環キューの場合は，これが満杯です．この時，rear は 0 となっています．もし，次にデータが入る場には，store[0] に保存されます．rear は 0 から増えてきましたが，配列の最後になると，0 に戻します．これで次に入れる場所が先頭になります．

図 1.3 中から，全てのデータを取り出した状態が図 1.3 右です．キューがこの状態ではデータを取り出すことはできず，次にデータが入れられる場所は，store[0] です．つまり，front と rear が等しい時に，円環キューは空になります．rear と同様に，front も配列の最後になると 0 に戻します．

満杯のときにも，円環キューには 1 つの空きがあります (図 1.3 中)．この空いている場所にも，データを入れることは可能です．しかし，データを入れると，rear と front がどちらも 1 になります．この状態は，キューが空である時と同じ (rear と front が同

じ値) です．つまり，キューが満杯なのか，空であるのかがわからなくなります．そのため，キューに空きが 1 つある状態 (front が rear よりも 1 だけ大きいとき) を満杯とし，rear と front の値が等しくなった時を空であるとしています．

キューに用意されている操作は，キューを作成する Queue，空であるどうかを判定する empty，満杯かどうかを判定する full，データを入れる offer，データを取り出す poll です．

実装

これらのメソッドをもつキューを，配列を用いて作成しました (リスト 1.2)．

リスト 1.2 queue.js

```javascript
const Queue = {
    front: 0,
    rear: 0,
    store: new Array(STORE_MAX_SIZE).fill(""),

    offer: function(data) {
        if(!this.full()) {
            this.store[this.rear] = data;
            this.rear = (this.rear+1) % STORE_MAX_SIZE;
            console.log("front:"+this.front+",rear:"+this.rear);
        } else {
            alert("これ以上入りません");
        }
    },

    poll: function() {
        if(!this.empty()) {
            this.front = (this.front+1) % STORE_MAX_SIZE;
            console.log("front:"+this.front+",rear:"+this.rear);
        } else {
            alert("データがありません")
        }
    },

    full: function() {
        if((this.rear+1) % STORE_MAX_SIZE === this.front) {
            return true;
        } else {
            return false;
        }
    },

    empty: function() {
        if(this.rear === this.front) {
            return true;
        } else {
            return false;
        }
    }
};
```

リスト 1.2 では，データを保持する store，先頭を表す front，最後尾を表す rear を宣言しています．それと共に，front, rear を 0 とし，大きさ STORE_MAX_SIZE の配列 store を確保しています．

データを入力する offer は，配列が満杯でなければ，引数の data を配列の rear 番目に入れます．そして，rear を 1 だけ増やし，STORE_MAX_SIZE で割ったときの余りを rear に入れています．これにより，配列の最後 (store[STORE_MAX_SIZE-1]) までデータが入ったら，次は先頭に入れる準備をしています．キューが満杯の場合には，"これ以上入りません"と画面に表示します．

データを取り出す poll では，配列が空でないときに，配列の front 番目に保持されているデータを取り出します．そして，front を 1 だけ増やし，STORE_MAX_SIZE で割った

ときの余りを `front` に入れています．キューが空の場合は，"データがありません" と画面に表示しています．

データが空かどうかを判定する `empty` では，`rear` と `front` が等しいときに，`true` を返し，そうでないときに，`false` を返します．キューが満杯かどうかを調べる `full` の場合は，`rear` よりも `front` が 1 だけ大きいときに，`true` を返し，そうでないときに，`false` を返します．

図 1.4　キューアプリの動作

図 1.4 は，キューアプリの動作画面です．上の空欄にデータを入れ，IN ボタンを押すと，データをキューに入れられます (offer)．OUT ボタンを押すと，キューからデータを取り出せます (poll)．図 1.4 左は，キューが 9 個のデータがある状態ですこのとき，`rear=0`，`front=1` なので，満杯です．ここに新しいデータをデータを入れようとすると，図 1.4 中のように，"これ以上入りません" と表示されます．また，何もない状態から，データを取り出そうとすると，図 1.4 右のように，"データがありません" と表示されます．このとき，`rear` と `front` は同じ値です．

解析

キューの操作 `offer`，`poll`，`empty`，`full` は，キューに含まれるデータの数に関係のない操作なので，計算量は全て $O(1)$ 時間になります．

問題

1. JavaScript では，配列にキューの機能 (`push`, `shift`) があります．これらの機能とここで作成したキューの機能を比較してみてください．
2. 文字列しんぶんしの各文字を，文字列に含まれる順でキューに入力した時に，`offer`，`poll` を使い，作ることのできる文字列を全て書きなさい．
3. [発展] スタックとキューの両方の操作ができるデック (deque) というデータ構造があります．リスト 1.1, 1.2 をもとにデックを作ってみましょう．

1.3.3 リスト

概要

　リスト $L = [x_1 x_2 \ldots x_n]$ は，同じ型の要素 x_i を n 個並べたものです．リストは，要素の間に前後関係があり，ある要素の一つ前の要素を**先行要素** (predecessor)，一つ後ろの要素を**後続要素** (successor) といいます．x_1 を**先頭**，x_n を**末尾**と呼びます．また，n をリストの大きさといい，$n = 0$ のときは，**空 (くう) リスト**と呼びます．リストには，データを入力する insert，データを探す search，データを削除する delete などの操作が定義されています．

　リストを作る方法は，配列を使う方法，参照型を使う方法などがあります．まず，配列を使う方法を説明していきます．

配列によるリストの実装

　配列を用いて，リストを作るとき，配列のサイズを前もって決め，そのサイズよりも 1 だけ大きな配列を使うようにします．この配列に，先頭から順にデータを詰めて入れていき，リストと考えます．データを入力する (insert) ときは，top で表される場所に，値を入れて，top を 1 だけ増やします．データを探す (search) ときは，配列の先頭から順にデータを探していきます．データを削除する (delete) ときは，まずデータを探します．データがあったときは，そのデータの場所に，次のデータを入れます．また，次の場所には，その次のデータというように，データの最後 (top) までデータを動かしていきます．

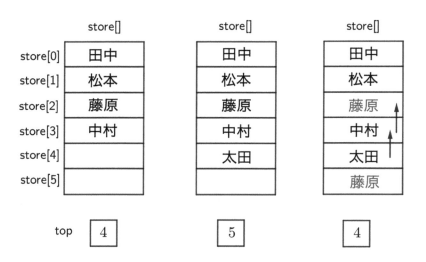

図 1.5　配列によるリストの動作

　図 1.5 は，リストを表す配列の状態です．配列に入れられるデータは，5 個ですが，6 個の領域があります．図 1.5 左は，リストに 4 個の文字列 (田中, 松本, 藤原, 中村) を入れたところです．top の値は 4 となっているので，4 個のデータを保持しています．次に，太田を入力したのが図 1.5 中です．このリストに保持できるデータの個数は，5 個なので，さらにデータを追加しようとすると，追加できずにエラーとなります．

次に，リスト内にあるデータが含まれるかどうかを調べてみましょう．この含まれるかどうかを調べる操作を**探索**や**検索** (search, retreival) といいます．図 1.5 中の場合に，**藤原**を探してみましょう．まず，リストの先頭 (`store[0]`) にあるデータと**藤原**を比較します．同じであれば，見つかったと報告します．そうでないなら，次の場所 (`store[1]`) を調べます．これを目的のデータが見つかるまで繰り返すことで，探索ができます．今回は，`store[2]` に同じデータがあるので，見つかったことになります．リストに探そうとするデータがないときは，どうすればよいでしょうか．例えば，**加藤**を探そうとすると，データの最後まで探して見つかりませんということがわかります．ここでは，**番兵** (sentinel) を使う方法を説明します．

番兵を使った方法は，まずリストの最後 (`store[top]`) に，探そうとしているデータを入れます．図 1.5 中のときは，`store[5]` に**藤原**を入れます (図 1.5 右)．これにより，探索がこの場所に到達すると，リストにデータが含まれていなくても探索が必ず終わります．その上で，見つかった場所は，`top` なのか，そうでないのかで，探索が失敗なのか，成功なのかが判断できます．このように先頭から順に全てのデータを見ていく探索を**逐次探索** (incremental search) と呼びます．

リストからデータを削除するときは，まず探索しなければなりません．探索をした結果，見つからなかった場合は，何もしません．見つかった場合は，データを前に詰めていきます．つまり，見つかったデータから後ろのデータを一つずつ前へと移動させます．図 1.5 右は，**藤原**を削除するときの状態です．まず，探索のときに，`store[5]` に藤原が入れられています．先頭から探索し，`store[2]` で**藤原**を見つけます．その上で，**藤原**を削除するために，後ろのデータを前に移動します．この場合では，**中村**を `store[2]` に，**太田**を `store[3]` に入れます．これで，削除は終了です．リストの最後の方には，リストには入っていないですが，配列には残っているデータもあるので，注意をしましょう．リストに含まれるデータは，添字が 0 から `top-1` のところまでです．

図 1.6 リスト (配列) アプリの動作

図 1.6 は，リスト (配列) アプリの動作画面です．上の"データを入力"と書かれた部分

にデータを入れ，その下にあるボタンを押すことで動きます．│追加│ボタンを押すと，データがリストに入ります．図 1.6 左は，**田中**, **松本**, **藤原**, **中村**, **太田**を順に入れたところです．│検索│ボタンを押すと，リストにそのデータがあるかどうかを調べて，Alert で結果を知らせてくれます．図 1.6 中は，**藤原**を検索したときの結果です．ここでは"2 番目に見つかりました" となります．見つからないときは，" 藤原は見つかりませんでした" となります．│削除│ボタンを押すと，リストにそのデータがあれば，削除してくれます．図 1.6 右は，**斎藤**を削除しようとしたところです．斎藤はありませんので，" 斎藤は見つかりませんでした" と教えてくれます．│検索│ボタンを押しても，同じ表示になります．

実装

リスト 1.3 は，配列によるリストの実装です．

リスト 1.3 `array_list.js`

```js
const Array_List = {
    top: 0,
    store: new Array(STORE_MAX_SIZE).fill(""),

    full: function() {
        if(this.top >= STORE_MAX_SIZE) {
            return true;
        } else {
            return false;
        }
    },

    insert: function(str) {
        if(!this.full()) {
            this.store[this.top] = str;
            this.top++;
            return true;
        } else {
            return false;
        }
    },

    search: function(str) {
        let here;
        for(here = 0; here < this.top; here++) {
            if(this.store[here] === str) {
                break;
            }
        }
        if(here === this.top) {
            return NOT_FOUND;
        } else {
            return here;
        }
    },

    delete: function(str) {
        const found = this.search(str);
        if(found !== NOT_FOUND) {
            this.top--;
            let move;
            for(move = found; move < this.top; move++) {
                this.store[move] = this.store[move+1];
            }
            this.store[this.top] = "";
            return true;
        } else {
            return false;
        }
    }
};
```

リスト 1.3 では，最初に変数 `top` と大きさ `STORE_MAX_SIZE` の配列 `store` の宣言をしています．`top` は 0 に，`store` は全て空文字列で初期化しています．

メソッド `full` は，配列に全てデータが保持されている時，つまり，`top` の値が配列に保

持できる数 STORE_MAX_SIZE 以上になっている時に, true を返し, そうでない時に false を返すメソッドです. このメソッドを使うと, リストにまだデータを入れることができるかどうかがわかります.

メソッド insert は, 引数 str をリストに入れます. リストにデータを入れることに成功すると, true を返し, 失敗した時に false を返します. メソッドの中では, メソッド full を使い, リストが全て埋まっているかどうかを調べて, top で示される配列の場所に, データを入れ, top を 1 だけ増やします. これで, リストに保持されているデータ数が top になります.

メソッド search は, リストで引数 str を探します. リストに, str が含まれているかどうかを調べ, 含まれている場合は, 配列の添字を返します. そうでない場合は, NOT_FOUND [7]を返します. メソッド内では, for 文で先頭 store[0] から store[top-1] までを順に調べています. str が見つかった時には, for 文を中断します. 30 行目からの if 文に来たときは, for 文を中断したときと, 最後まで終わったときがあります. 最後まで終わったときには, here の値が top になっており, 見つからなかったので, NOT_FOUND を返します. 逆に top でないときには, 途中で見つかった場合なので, here を返します.

メソッド delete は, 引数 str がリストにあれば削除します. まず, リストに, str が含まれているかどうかを調べます. 含まれている場合は, その値をリストから削除し, true を返します. そうでない時は, false を返します. メソッドでは, search を使い (38 行目), str が含まれているかどうかを調べています. 含まれているときには, top の値を一つ減らし, 見つけた場所 here に, here+1 のデータを入れます. これを top の場所まで繰り返します. これにより, 先頭から順にデータが入っているようにできます. 最後に top の場所に空文字列を入れて, 終了します.

解析

配列で表現されたリストの操作の計算量を考えます. 今, リストに n 個のデータが含まれているとします. データの入力は, データを入れる場所があらかじめ決まっているので, $O(1)$ 時間で操作が終わります. データの探索は, 先頭から順に, データを探しています. 先頭で見つかることもありますが, 末尾にあるときは n 回の比較が必要となります. つまり, 最悪で $O(n)$ 時間が必要となります. これは, データがリスト内にある場合も, ない場合も同じです. データの削除は, その操作の中に, 探索を含むため, $O(n)$ 時間が必要となります. さらにデータの移動を伴うため, 全体の計算量は, $O(n)$ 時間となります.

参照型によるリストの実装

次に, 参照型を使ったリストを説明します. 参照型を使ったリストを作るには, ノードと呼ばれる部品を使います. ノードは, 情報を保持するための場所 info と次のノードの場所 (参照型で表されます) をもつ next のペアです.

ノードを書いてみると, 図 1.7 のようになります.

さて, ノードを使ってリストを作ることを考えてみましょう. リストはデータを順に並べたものなので, ノードを順に並べることを考えます. 配列のときは, 一つ前の要素や次の要素は, 配列の添字を使って表すことができました. ノードの場合は, 順番に並べるのに,

---

[7] NOT_FOUND は common.js で定義されている定数で, -1 の値を持ちます.

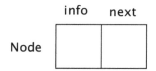

図 1.7 Node 型の表現

ノードの next を利用します．next には，別なノードの場所を持つことができるので，次に来るノードの場所を入れておきます．これにより，現在のノードの次のノードを知ることができます．つまり，先頭のノードさえわかっていれば，次のノード，次のノードとリストを進んでいくことができます．以下では，ノードの初期化，データの追加，データの探索，データの削除と説明していきます．

リストの初期化は，図 1.8 のような流れとなります．まず，head と z というノードを

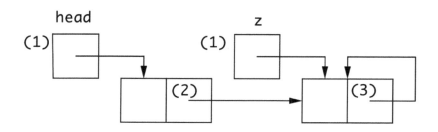

図 1.8 リスト (参照型) の初期化

作ります (図 1.8(1))．ノードを作るとは，ノード自身の領域をメモリの中に用意することです．用意ができると，ノードの変数には，その領域の場所が入ります．head の次の要素は z とします (図 1.8(2))．z の次の要素は z とします (図 1.8(3))．これにより，リストの先頭 head，リストの末尾 z ができたことになります．リストの中身を知りたいときには，head から z までの info の部分を順にみていけばよいのです．

図 1.8 の流れをアルゴリズムとして書くと，アルゴリズム 2 となります．

アルゴリズム 2 リスト (参照型) の初期化

1: ノード head, z を宣言, 領域確保;
2: head.next ← z;
3: z.next ← z;

[練習] アルゴリズム 2 を使い，リストを初期化してみましょう．

さて，リストに要素を追加することを考えます．ここでは，先頭 (head) のすぐ後に新しいノードを入れることにします．

まず，新しいノード node を作ります (図 1.9(1))．これにより，node には，自身の場所が入っています．そして，node の info にデータを入れます (図 1.9(2))．node の next を，head の next にします (図 1.9(3))．head の next には，head の次にくるノードの場所が

1.3 スタック, キュー, リスト

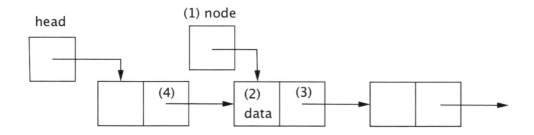

図 1.9　リスト (参照型) でのノードの挿入

入っています. その場所を node の next に入れることで, node の次のノードが, head の次のノードと同じものになります. 最後に, head の next を node にします (図 1.9(4)). これにより, 図 1.9 の順になりました.

図 1.9 をアルゴリズムとして書くと, アルゴリズム 3 となります.

アルゴリズム 3 リスト (参照型) での要素 data の追加

入力: head: リストの先頭を示す
 1: ノード node を宣言, 領域確保;
 2: node.info にデータを代入;
 3: node.next に head.next を代入;
 4: head.next に node を代入;

[練習] アルゴリズム 3 を使い, リストにいくつかのデータを入れてみましょう. 自分や友達の名前や連絡先をリストに入れてみると, 連絡網ができます.

次は, リストの中にある要素が含まれるかどうかを調べる**探索**を考えます. 現在のリストでは, どこに要素があるのかは全くわかりません. そのため, 最初の要素である head から順にリストを見ていきます. リストの途中で見つかれば, 見つかったことを, リストの最後まで探しても, 無かった場合には, 見つからなかったと判断します.

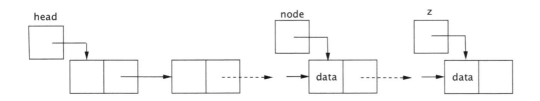

図 1.10　リスト (参照型) でのノードの探索

図 1.10 は, リストで data と検索しているところです. 最初に, 末尾の z に data を入れておきます (これも**番兵**です). まず, head の次のノードと等しいかどうかを調べます. ここで見つかれば終了です. 違っていれば, 次のノードを調べます. これを順に繰り返し, 見

つかれば，そこで終了します．もし，リストの中に data が無いとしても，最後のノード z で，必ず data は見つかります．対象のデータがどこにあるかわからないときでも，while 文を使えば，リストのノードを順に処理できます．これらをまとめたのが，アルゴリズム 4 です．

アルゴリズム 4 リスト (参照型) での要素 data の探索

入力: Node 型変数 head: リストの先頭
入力: Node 型変数 z: リストの最後尾
1: Node 型の変数 node に head を格納;
2: z.info に要素 data を代入;
3: **do**
4: 　　node に node.next を代入;
5: **while** (node.info が data に等しくない)
6: **if** (node が z に等しい) **then**
7: 　　data が見つからない;
8: **else**
9: 　　data が見つかった;

アルゴリズム 4 は，まず検索するデータ data を z.info に入れます．次に do-while 文でリストを先頭から探していきます．data が見つからない間，処理を繰り返すので，do-while 文が終わったときには，data が見つかっています．そして，その時の node の値により，リストに含まれるのか，番兵であったのかを判定しています．

[練習] アルゴリズム 4 を使って，先の練習で作ったリストに含まれるデータを検索してみましょう．また，含まれないデータについても検索して，探索が無事に終わることを確認してみましょう．

最後は，データの削除です．データを削除するには，リストにデータが含まれるかどうかを調べる必要があります．ここは，探索と同じことをします．削除するノードが見つかった後に，ノードの繋ぎかえをおこないます．

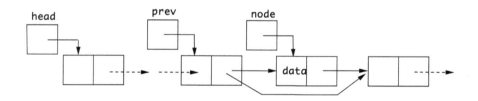

図 1.11　リスト (参照型) でのノードの削除

図 1.11 は，削除するノード node が見つかったときです．node を除いてしまうと困ったことが起こります．node の次のノードは，node しか知りません．また，このノードの一つ前のノード prev の next が削除されるノードだと，その先にあるノードを見つけるこ

1.3 スタック, キュー, リスト

とができません*8. そのため, ここで必要なのは, ノードを繋ぎ直すことです. node の先にあるノードの場所は, node の next にあります. この値を prev の next に入れることで, ノードの繋ぎ直しができます.

アルゴリズム 5 リスト (参照型) での要素 data の削除

入力: Node 型変数 head: リストの先頭
入力: Node 型変数 z: リストの最後尾
 1: Node 型変数 prev を宣言;
 2: Node 型の変数 node に head を格納;
 3: z.info に要素 data を代入;
 4: **do**
 5:     prev に node を代入;
 6:     node に node.next を代入;
 7: **while** (node.info が data に等しくない)
 8: **if** (node が z に等しい) **then**
 9:     data が見つからない;
10: **else**
11:     prev.next に node.next を代入;
12:     data が見つかり, 削除した;

検索をおこなっているのでアルゴリズム 5 の前半は, アルゴリズム 4 とほぼ同じです. 新しい部分は, prev に node の一つ前の要素を持っていることです. **do-while** 文を抜けた後で, node の値により, おこなうことを変えています. node が末尾 z のときは, 見つからなかったので何もしません. そうでないときは, ノードの繋ぎ換えをおこない, 削除を終了します.

[練習] 先に作ったリストからデータを削除してみましょう. また, 含まれないデータを削除するとどうなるか, 試してみましょう.

図 1.12 は, アプリでの参照型によるリストの実行画面です. 図 1.12 左は, 初期状態に田中, 松本, 藤原, 中村, 太田を順に追加したところです. リスト内部の最初の行がノード head を表しています. 行の最初にあるのは, ノードの番号です. このノードの番号は, 一つのノードに一つの番号が割り当てられるようになっています. このノード番号は, これまでの説明で出てきた参照値だと考えてください. 先頭のノードには, ノード番号 0 が割り振られています. 次の info は, 保存される情報であり, Next は次のノードの番号が入っています. つまり, 先頭のノードの次は, ノード番号 5(情報は, 太田) であることがわかります. その次は, ノード番号 4 であり, さらに次は, ノード番号 3 でと, 順に次のノード番号が null になるまでリストをたどることができます.

図 1.12 中は, 図 1.12 左の状態で中村を検索した画面です. ノード番号 4 で見つかったので, "中村を見つけました" と表示されます. 図 1.12 右は, 中村を削除した後の状態です. 太田の次にあった中村がなくなっていますが, リストの列は, 0 → 5 → 3 → 2 → null と繋がっているのがわかります.

---
*8 ここでプログラムが終了してしまうこともあります.

図 1.12　リスト (参照型) アプリの動作

実装

ノードとリストの実装をリスト 1.4 とリスト 1.5 に示します．

リスト 1.4　Node_List_Item (node_list.js の一部)

```
let sequence = 0;
class Node_List_Item {
    constructor(node_no, info, next) {
        this.node_no = node_no;
        this.info = info;
        this.next = next;
    }
}
```

Node_List_Item クラスは，図 1.7 をそのままコードにしたものです．ノードの番号 node_no, 情報をもつ info, 次のノードの番号 next を一つのクラスとしています．

リスト 1.5　node_list.js

```
const Node_List = {
    head: new Node_List_Item(sequence, null, null),

    addNode: function(str) {
        sequence++;
        const node = new Node_List_Item(sequence, str, this.head.next);
        this.head.next = node;
    },

    search: function(str) {
        let node = this.head;
        let found = false;
        do {
            node = node.next;
            if(node.info === str) {
                found = true;
                break;
            }
        } while(node.next !== null)
        return found;
    },

```

1.3 スタック, キュー, リスト

```
23      delete: function(str) {
24          let prev;
25          let node = this.head;
26          let found = false;
27          do {
28              prev = node;
29              node = node.next;
30              if(node.info === str) {
31                  prev.next = node.next;
32                  found = true;
33                  break;
34              }
35          } while(node.next !== null)
36          return found;
37      }
38  };
```

node_list.js は, 終端ノード z の代わりに, null を使い, 実装をおこなっています. メソッド addNode は, アルゴリズム 3 をそのまま実装しています. メソッド search は, アルゴリズム 4 と少しだけ違います. ここでの実装は, 検索している情報 str を持つノードが見つかった時に, found を真にして do-while 文を抜けています. そして, found を返しています. 見つかっていないときは, found は偽のままですから, 偽が返ります. メソッド delete は, アルゴリズム 5 とほぼ同じようになっています. 違う部分は, メソッド search のときと同じですので, 説明は省略します.

解析

リスト (参照型) に含まれる操作の時間計算量を考えます. n をリストに含まれるデータの個数とします.

初期化 アルゴリズム 2 は, 2 つの領域をとり, 場所を入れているだけです. この操作は, データ数には依存しないので, $O(1)$ 時間で終了します.

要素の追加 アルゴリズム 3 は, 1 つの領域を確保し, データの代入や場所を代入しているだけです. これもデータ数には依存しないので, $O(1)$ 時間で終了します.

データの探索 アルゴリズム 4 は, 目的のデータがどこにあるのかわからないので, リストを先頭から探しています (do-while 文の部分). 探しているデータがあるときは, 途中で探索が終わります. 最も手間のかかるのは, 一番最後で見つかるか, 見つからないときです. このときには, データ数 n に応じた時間が必要となります. よって, $O(n)$ 時間のアルゴリズムとなります.

データの削除 アルゴリズム 5 は, 基本的に探索を含んでいるので, $O(n)$ 時間が必要となります. 探索後におこなうことは, 何もおこなわない (見つからなかった場合) か, リストの繋ぎ変え (見つかった場合) なので, いずれも $O(1)$ 時間で終了します. よって, 全体として, アルゴリズムは $O(n)$ 時間で終了します.

問題

1. z を使ったリスト (参照型) の実装を作ってみましょう.
2. リスト (参照型) を使い, スタックを作ってみましょう. ただし, push, pop などの操作は $O(1)$ 時間で終わるようにすること.
3. リスト (参照型) を使い, キューを作ってみましょう. ただし, offer, poll などの操作は $O(1)$ 時間で終わるようにすること.

1.3.4 整列済みリスト

概要

前節で学んだリストの初期化と挿入は, 定数時間のメソッドでした. また, 探索や削除には, $O(n)$ 時間が必要でした. 本節では, 探索が $O(\log n)$ 時間で終わる 整列済みリスト (sorted list) を説明していきます.

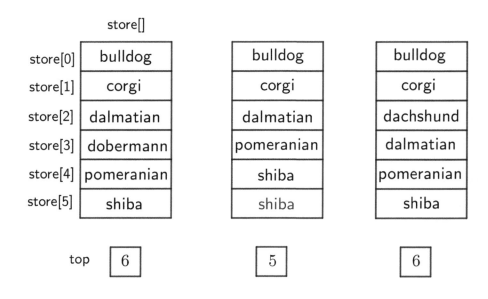

図 1.13　配列による整列済みリストの動作

図 1.13 左は, bulldog, corgi, dalmatian, dobermann, pomeranian, shiba を整列済みリストに入れたところです. この順番でリストに入れたからではなく, この 6 つの単語の場合は, 必ずこの順番 (辞書に載っている順) でリストに保存されます. これが整列済みリストの特徴であり, この順番を保存するように, 操作が作られています.

図 1.13 左で, pomeranian を検索してみましょう. 以前のリストでは, 先頭から順に探していき, 途中で見つかるか, 最後まで見つからないかでした. 整列済みリストでは, まず真ん中 (store[2]) と同じかどうかを試します. 今回は, dalmatian であるため, 探しているデータではありません. もし, この配列の中に求めるデータ pomeranian があるならば, pomeranian は dalmatian よりも辞書式順で大きいので, store[3] から store[5] の中にしかありません. これは, 配列の中でデータが順に並んでいるためです. つまり, store[0] から store[1] には store[2] の dalmatian よりも小さなデータが, store[3] から store[5] には dalmatian よりも大きなデータだけがあるのです. 次は, store[3] から store[5] の中でどこにあるのかを探しましょう. おこなうことは先ほどと同じです. この範囲の真ん中 store[4] と, pomeranian を比べます. この場合は, ここで見つかりました.

今度は, pointer を探してみましょう. 探す順番は先ほどと同じです. store[2] よりも大きいので, store[3] から store[5] の中を探します. store[4] よりも小さいので,

1.3 スタック, キュー, リスト

store[3] から store[3] の中 (実質, store[3] のみ) を探します. store[3] よりも大きいので, store[4] から store[3] の中を探そうとするのですが, すでに探すべき範囲がありません. つまり, 見つからなかったということになります.

一般の場合で考えてみましょう. 整列済みリストに保存されているデータ $a_0, a_1, \ldots, a_{n-1}$ ($i \leq j$ のとき, $a_i \leq a_j$) [*9]から, データ a を探します. まず, 真ん中のデータ $a_{[(n-1)/2]}$ と a を比べます. 今, $mid = [(n-1)/2]$[*10]とします. もし, $a_{mid} = a$ のときは, a を見つけたので, mid で見つけたと返して終了です. もし, $a_{mid} < a$ のときは, (あるとしても) a は, a_{mid+1} から a_{n-1} の間にあります. そのため, a_{mid+1} から a_{n-1} で同じことを繰り返します. 逆に, $a < a_{mid}$ のときは, 同じ操作を a_0 から a_{mid-1} で繰り返します. つまり, 一度比較をおこなうだけで, 探すべき範囲の大きさがが元の範囲の半分になっていきます. このことから, **二分探索** (binary search) と呼ばれています. 探すべき範囲がなくなった (上限と下限が逆転した) ときは, a がリストに含まれなかったときです. 以上をアルゴリズムとして書くと, アルゴリズム 6 となります.

アルゴリズム 6 整列済みリストから data を探す (二分探索)

入力: store[ ]: データを保持している整列済み配列
入力: top: 配列に含まれるデータ数
1: 整数型変数 low を宣言, 0 に初期化;
2: 整数型変数 high を宣言, top-1 に初期化;
3: 整数型変数 mid を宣言;
4: **while** (low が high より小さいか等しい)
5:     mid に (high+low)/2 を代入;
6:     **if** (store[mid] が data に等しい) **then**
7:         見つかった;
8:     **else if** (store[mid] が data より小さい) **then**
9:         low に mid+1 を代入;
10:     **else**   // この場合は, store[mid] が data より大きい
11:         high に mid-1 を代入;
12: 見つからなかった;

[練習] 整列済みリストに含まれるデータや含まれないデータを検索してみましょう. まずは, 図 1.13 で試してみてください. その上で, 大きめな整列済みリストを作り, 試してみましょう. その際, 何度の比較で検索が終わるのか数えてください.

次に, データの削除について説明します. まずは, 実際の例をみてみましょう. 図 1.13 左の整列済みリストから, dobermann を取り除くことを考えます. まず, dobermann を検索します. そして, store[3] にあることを見つけます. dobermann を取り除きたいので, ここを上書きすれば終わりますが, 適当なデータを入れると, 整列済みで無くなります. そこで, 配列のすぐ後にある要素をここに入れます. この場合は, pomeranian を入れることになります. さらに, その場所に shiba を入れ, 図 1.13 中の状態になります. 最後に,

---
[*9] 段々と大きくなっている順番を**昇順**といいます. 逆に, 小さくなっている順番を**降順**といいます.
[*10] $[a]$ は, a を超えない最大の整数を返す関数です. この関数を**ガウス記号**といいます.

データ個数を表す top の値を 5 にして終了します．

　一般の場合の削除は，探索をして，削除される要素の場所がわかれば，あとは後ろの要素を前に移動させるだけです．また，リスト (配列版) の削除 (リスト 1.3 の delete) を使っても，削除できます．

　最後に，整列済みリストにデータを入れる挿入 insert を説明します．図 1.13 中の状態に，dachshund を入れることを考えます．整列していることを保ったまま，dachshund が入れる場所は，store[1] と store[2] の間しかありません．この場所は先頭から順に，挿入するデータと配列のデータを比べていくことで，見つけることができます[*11]．その上で，dachshund を入れる場所を作るために，次のように移動させていきます．store[5] に shiba を入れ，store[4] に pomeranian を入れ，store[3] に dalmatian を入れます．最後に，store[2] に dachshund を入れて，挿入が終了になります．

　一般の場合の insert を説明します．今，データ $a_0, a_1, \ldots, a_{i-1}$ までが小さい順に整列されて，配列に保存されているとします．ここに，a_i を加えます．まず先頭の a_0 と a_i を比べます．もし，$a_0 > a_i$ となっているなら，全てのデータを一つずつ後ろに動かした上で，a_i を先頭に入れます．そうでない場合は，a_1 と a_i を比べ，入る場所を探していきます．入る場所が見つかったら，その後ろにあるデータを全て一つずつ動かし，その場所にデータを入れます．以上をまとめると，アルゴリズム 7 となります．

アルゴリズム 7 整列済みリストに data を挿入

入力: store[ ]: データを保持している配列
入力: top: 配列に含まれるデータ数
 1: 整数型変数 here を宣言，0 に初期化;
 2: while (data が store[here] より大きい)
 3: 　　here を一つ増やす;
 4: for (move を top から here まで減らす)
 5: 　　store[move+1] に store[move] を代入;
 6: store[here] に data を代入;
 7: top を 1 増やす;

　アルゴリズム 7 の 2 行目から 3 行目が data が入る場所を探しているところです．while 文が終わった時には，data が入る場所 here が見つかっています．そして，5 行目から 7 行目の for 文で，here よりも後ろにある要素を移動させています．そして，最後に data を代入して，top を増やしています．これで要素が，入るべき場所に入ったことになります．

　図 1.14 は，順序付きリストを実装したアプリの動作画面です．図 1.14 左は，bulldog, corgi, dalmatian, dobermann, pomeranian, shiba を適当な順で入れた状態です．どのような順番で入れても，この順に並びます．図 1.14 中は，dalmatian を検索した結果です．2 番目にあるため，"dalmatian を見つけました" とでています．図 1.14 右は，dalmatian を削除した後に，検索した結果です．dalmatian は削除されているため，2 番目の場所は，dobermann になっています．そのため，"dalmatian は見つかりませんでした" とでています．

[*11] アルゴリズム 6 を使っても，見つけることができます．

1.3 スタック，キュー，リスト

図 1.14　順序付きリストアプリの動作

[練習] 色々な順序で bulldog, corgi, dalmatian, dobermann, pomeranian, shiba を入力して，図 1.14 左になることを確認してください．

実装

リスト 1.6 は，整列済みリストを実装したものです．full, search, delete は，Array_List.js と同じ操作になりますので，Array_List.js の同名のメソッドを使っています．そして，整列済みリストに必要なメソッド insert と binarySearch だけを実装しています．

リスト 1.6　sorted_list.js

```javascript
const Sorted_List = {
    top: 0,
    store: new Array(STORE_MAX_SIZE).fill(''),

    full: function() { return Array_List.full.call(this); },
    search: function(str) { return Array_List.search.call(this, str); },
    delete: function(str) { return Array_List.delete.call(this, str); },

    insert: function(str) {
        if (!this.full()) {
            let here;
            for (here = 0; here < this.top; here++) {
                if (this.store[here] >= str) {
                    break;
                }
            }
            for (let move = this.top; move >= here; move--) {
                this.store[move + 1] = this.store[move];
            }
            this.store[here] = str;
            this.top++;

            return true;
        } else {
            return false;
        }
    },
```

```
28
29      binarySearch: function(str) {
30          let low = 0;
31          let high = this.top - 1;
32          let mid;
33          let found = false;
34          while (low <= high) {
35              mid = low + Math.floor((high - low) / 2);
36              if (this.store[mid] === str) {
37                  found = true;
38                  break;
39              } else if (this.store[mid] < str) {
40                  low = mid + 1;
41              } else {
42                  high = mid - 1;
43              }
44          }
45          return found;
46      },
47  };
```

リスト 1.6 の insert は，アルゴリズム 7 とほぼ同じように実装されています．入れる場所を探すとき (12 行目から 16 行目) には，for 文を用いています．場所が見つかったときには，break で for 文を終わらせています．その後で，一番最後から順にデータを移動させ，入るべき場所にデータを入れます．

binarySearch は，アルゴリズム 6 の実装です．35 行目では，low と high の真ん中の値を計算しています．このような実装をしているのは，low+high がオーバーフロー[*12] するようなときでも，範囲内の値として正しく計算するためです．36 行目では，=== を使って，等価判定をおこなっています．同じデータが見つかったときに，found にして，while 文を終わらせています．while 文の条件 (34 行目) で終わるときには，true が返され，そうでない時は，元々の値 false が返されます．

解析

[挿入] アルゴリズム 7 は，大きく分けて，データを探すこととデータを挿入するための準備の 2 段階からなります．今，n 個のデータが整列済みリストにあり，その k 番目にデータが入るとしましょう．まずデータを探すため段階で，$O(k)$ 時間が必要となります (2 行目から 4 行目)．残りのデータは，$(n-k)$ 個あり，これを順に後ろへと移動させます．そのため，ここでは $O(n-k)$ 時間が必要となってしまいます．そして，データを k 番目に入れ ($O(1)$ 時間) ます．全体としては，

$$O(k) + O(n-k) + O(1) = O(n)(時間)$$

が必要となります．二分探索を用いると，探す部分は $O(\log k)$ 時間で終わりますが，残りの部分で，n に比例する時間 $O(n)$ が必要となってしまいます[*13]．

[削除] データの削除の時間計算量は，挿入とほぼ同じことをおこないます．つまり，削除するデータを探しながら，見つかれば後ろの要素を前に詰める．見つからなければ，最後までデータを見ることになります．つまり，計算時間は $O(n)$ 時間となります．

[探索] 二分探索 (アルゴリズム 6) でどれだけの計算時間が必要となるのを解析してみましょう．$T(n)$ を n 個の要素から，あるデータを探す際の二分探索の計算時間とします．ア

[*12] 計算した結果がその型の表現できる範囲を超えてしまうことです．この場合は，整数型の範囲を超えることを意味します．

[*13] 巨大なデータに対して，検索を $O(\log n)$ 時間で終わらせることは非常に大切ですが，そのあとの部分では，$O(n)$ かかります．検索，更新の両方を早くする方法は，二分木の節で説明します．

ルゴリズム 6 から次の漸化式が成り立ちます.

$$T(n) = T\left(\left[\frac{n-1}{2}\right]\right) + 2 = T\left(\left[\frac{n-1}{2}\right]\right) + O(1) \leq T\left(\left[\frac{n}{2}\right]\right) + O(1). \quad (1.2)$$

ただし, $T(1) = O(1)$ とします.

用語解説：漸化式

漸化式は, 数列 $\{a_n\}$ を決める n に関する式です. 漸化式は, 左辺の添字 (n) よりも右辺の添字が小さくなります. n に自然数を入れると, 右辺の値から左辺の値が計算できる式となります. あとは, 初期値があれば数列を順に計算していくことができます.

この漸化式を解きたいのですが, 少し準備をしましょう. まず, 次の漸化式を解きます.

$$a_n = a_{[n/2]} + 1, \quad a_1 = 0 \quad (1.3)$$

式 (1.3) は, 式 (1.2) と同じような形の漸化式です. もしくは, アルゴリズム 6 の比較の回数だけを数えていると考えることもできます. つまり, 1 度だけ真ん中の値と比較すると, あとは半分の大きさの問題を解けば良いということを表しています.

式 (1.3) から次の関係が成り立ちます.

$$a_n \leq a_{\left[\frac{n}{2}\right]} + 1 \leq a_{\left[\frac{n}{4}\right]} + 1 + 1$$
$$\cdots$$
$$\leq a_1 + 1 + \cdots + 1 \quad (1.4)$$

さて, ここで, 1 はいくつあるのでしょうか. $n = 2^N$ の場合, 式 (1.3) を N 回使うと, 式 (1.4) となります. つまり, 1 は, $N = \log_2 n$ 個あります. また, $2^{N-1} < n \leq 2^N$ の場合も同じように, N 回使うことで式 (1.4) になります. よって,

$$a_n \leq a_1 + 1 \times \log_2 n = 0 + \log_2 n = \log_2 n$$

となりました.

さて, a_n の値が $\log_2 n$ よりも小さいことがわかったので, $T(n) = O(\log n)$ となりそうです. これを示していきましょう. オーダ記法の定義から, 十分大きな n に対して, $T(n) = c \log_2 n$ (c は正の定数) と書けると証明が終わります. これを帰納法を使って示していきましょう. $n = 1$ のときは, $T(1) = c \log_2 1 = c \cdot 0 < c$ となり成り立ちます. n よりも小さい自然数で常に成り立つと仮定します. この仮定から, $T(n/2) = c \log_2(n/2)$ が成り立ちます. 式 (1.2) に代入すると, 次の式が得られます.

$$T(n) \leq c \log_2 \frac{n}{2} + c' = c(\log_2 n - 1) + c' = c \log_2 n + c' - c \leq c'' \log_2 n = O(\log n)$$

以上から次の定理を示すことができました.

定理 1 n 個のデータを持つ整列済みリストに対し, 二分探索を用いると, $O(\log n)$ 時間で探索が終了します. また, 挿入, 削除には, $O(n)$ 時間が必要です.

問題

1. 整列済みリストで, リストに含まれるデータの数を増やしたとき, 何回の比較で目的のデータを見つけることができるかを実験的に調べなさい. まずは, 自分で大きさの違うリストを作り, 検索をしてみること.

2. データの挿入もしくは削除をおこなうときに，逐次探索と二分探索でおこない，それぞれ何回の比較が必要になるかを比べなさい．

第 2 章

木構造

　前節では，基本的なデータ構造であるリスト構造や探索について学んできました．これらのデータ構造は，入力，探索の手間のいずれかが $O(n)$ 時間となっています．本節では，データの入力，探索ともに $O(\log n)$ 時間で終わるデータ構造，**二分探索木**について説明していきます．また，特殊な二分木であるヒープも説明します．

2.1　二分木

2.1.1　二分木とは

二分探索木を説明する前に，その元となる木構造や二分木について解説していきます．

定義 4　木 (tree)T は，1 個以上の 節 (node) と呼ばれる要素の有限集合[*1] で次を満たします．

- 根 (root) と呼ばれる唯一の節があります．
- 他の節は，m 個の共通部分のない集合 $T_1, \ldots, T_m$ に分けられ，それぞれの T_i(**部分木**と呼びます) は，また木です．

[例] 図 2.1 左は，木の定義をそのまま図示したものです．黒丸が木 T の根であり，残りの節は，T_1, T_2, T_3 の部分木に分割されています．さらにそれぞれの部分木に，根 (灰色の節) があります．T_3 には，もう 1 つの部分木があります．　　　　　　　　　　　　　　□

　木 T は，図 2.1 右の形にも書けます．根 r からそれぞれの部分木の根 r_1, r_2, r_3 への辺が書かれ，さらにそれぞれの部分木の根への辺が書かれています[*2]．木構造では，次のような呼び方をします．

- r は $r_i\,(i=1,2,3)$ の**親**と呼び，$r = \text{father}(r_i)$ と書きます．
- $r_i\,(i=1,2,3)$ は r の**子**と呼び，$r_i = \text{son}(r)$ と書きます．
- 同じ親を持つ節を**兄弟節**といいます．図 2.1 の場合，r_1, r_2, r_3 は兄弟節です．
- ある節 v から根までの節の並びを**道**といいます．v に対し，道は一意に決まります．
- 節 v の**路長** l を，$l(v) = l(\text{father}(v)) + 1, l(\text{root}) = 0$ で定義します．ただし，root

---
[*1] 数えられる節の集まりと考えて良い．
[*2] この表示をすると，木構造や根という名前が直感的にわかりやすくなります．家系図と思うと，根 (先祖) が上にあるのは納得できるのではないでしょうか．英語で先祖のことをルーツ (roots) と言いますので．

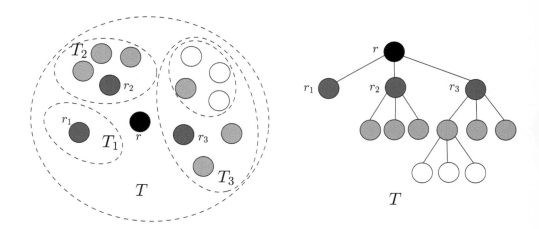

図 2.1　木 T の表現 (左: 集合によるもの, 右: 親子関係によるもの)

は木の根とします.

- 木の**高さ**(または**深さ**) を木に含まれる節の最大の路長とします.
- v の**先祖**は, v の道に含まれる全ての節です.
- v の**子孫**は, v から子供をたどることで訪れることのできる全ての節です.

[練習] 図 2.1 で, それぞれの言葉を説明してみましょう. 例えば, r_2 の親は何でしょうか. r_2 の子孫は何でしょうか. 木の高さはどうなるでしょうか.

節は, 子を持つ節の **内部節点** (または内点) と, 子を持たない節の **外部節点** (または外点, 葉) に分けられます. 全ての内部節点で, 子の順序が決まっている場合, **順序木**と呼びます. さらに, 木 T の路長和 $l(T)$ を次で定義します.

$$l(T) = \sum_{v \in T} l(v).$$

定義 5　木 T が二分木であるとは, T が次のいずれかのときです.

- T が全く節を持たない木 (**空木**, empty tree) です.
- T が, 根と呼ばれる節と, 共通部分のない 2 つの部分木である左部分木 T_l と右部分木 T_r からできています (左右は区別します).

[例] 図 2.2 左は, 二分木です. どの節も高々 2 つの部分木しか持ちません. 図 2.2 左の二分木で, 右部分木と左部分木を入れ替えても二分木ですが, 元の二分木とは違うものと考えます. □

[練習] 図 2.2 の二分木で, 親, 子, 兄弟節, 子孫, 先祖を確認しましょう. また, 路長和 $l(T)$ を計算してください.

図 2.2 右は, 全ての節点が子のない外部節点か, 2 つの子を持つ内部節点となっています. この条件を満たす二分木を**拡張された二分木**, もしくは全二分木といいます.

2.1 二分木

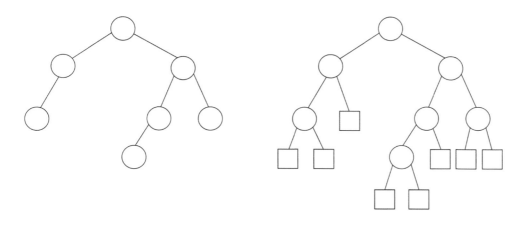

図 2.2 二分木と拡張された二分木

拡張された二分木で，内部路長 $l_{in}(T)$ を内部節点の路長の和とし，外部路長 $l_{out}(T)$ を外部節点の路長の和とします．

用語説明：(二分) 木

木の定義は，少し難しめです．ここでは直感的な説明をしておきます．

- 木は，根から子，さらにその子と順にたどることができます．そのため，根から全ての葉までをたどることができます．逆に，葉から根まで 1 つの道でたどれます．この形は，庭に生えている木のような形となっています．そのため，木と呼ばれています．
- 二分木は，子が 0 個か，1 個か，2 個の場合がある木です．
- 拡張された二分木は，子が 0 個か，2 個の場合だけがある木です．図 2.2 を見て，確認してみましょう．

次に，内部路長と外部路長に関する関係を示します．

定理 2 n 個の内部節点を持つ拡張された二分木 T では，次の式が成り立ちます．

$$(外部節点の数) = n + 1 \tag{2.1}$$

$$l_{out}(T) = l_{in}(T) + 2n \tag{2.2}$$

証明： 帰納法を使い，証明していきます．$n = 1$ のとき，つまり内部節点が 1 個の場合，その子は外部節点 2 個のみです．また，内部路長は 0 で，外部路長は 2 です．よって，式 (2.1)，式 (2.2) が満たされます．

n 個の内部節点を持つどのような拡張された二分木でも，2 式が成り立つと仮定します．$(n+1)$ 個の内部節点を持つ木 T を考えます．T の外部節点の子を 2 個持つ内部節点 v を外部節点に変えた木を T' とします．仮定から T' は，式 (2.1)，式 (2.2) を満たします．v が内部節点を子供に持つ場合も，同様に証明ができます．

まず，式 (2.1) を示します．仮定から，T' の内部節点の数は n 個で，外部節点の数は $(n+1)$ 個です．T は，T' よりも一つだけ，内部接点が増えているので，内部接点の数は

$(n+1)$ 個です．また，T' の構成法から，T の外部接点は，1 個減り，2 個増えています．つまり，T の外部接点の数は，$(n+1)-1+2=n+2$ となります．

次に式 (2.2) を示します．仮定から T' について，次の式が成り立ちます．

$$l_{out}(T') = l_{in}(T') + 2n.$$

さらに，T' の作り方から，次の式が成り立ちます．

$$l_{in}(T) = l_{in}(T') + l(v),$$
$$l_{out}(T) = l_{out}(T') - l(v) + 2(l(v)+1).$$

これらの式から，式 (2.2) が成り立ちます． □

[練習] 図 2.2 右で，式 (2.1)，式 (2.2) が成り立つことを確認してください．

もう 1 つ二分木を紹介します．

定義 6　二分木が**完全** (complete) 二分木であるとは，横優先順で節をできるだけ詰めた二分木になっている時です．**横優先順**は，路長がもっとも小さく，左部分木から節を作っていくことをいいます．

[練習] 図 2.2 左を完全二分木にするには，どのように変化させれば良いか考えてください．例えば，根の左部分木は，横優先順で空いている場所があります．

2.1.2　二分木の実現方法

前節では，二分木について説明してきました．本節では，二分木を実際にどのように実装するのかを説明していきます．

二分木では，次の 2 つの操作が必要になります．

- 子から親を知る．
- 親から子を知る．

これらの操作ができるように二分木を作っていきます．

配列による実装

まず，配列による方法を説明します．この場合，要素を保存する配列 `items[]` と二分木構造を表す配列 `father[]`（自分の親の添字を入れます），もしくは，`left[]`, `right[]` という自分の子の添字を入れる配列を使います．`father[]`, `left[]`, `right[]` を全て使うことも出来ます．

リスト 2.1　配列による二分木

```
var items     = new Array('/', '*', '-', '+', 'c', 'd', 'e', 'a', 'b');
var father[] = new Array(-1, 0, 0, 1, 1, 2, 2, 3, 3);

var left[]   = new Array( 1, 3, 5, 7,-1,-1,-1,-1,-1);
var right[]  = new Array( 2, 4, 6, 8,-1,-1,-1,-1,-1);
```

2.1 二分木

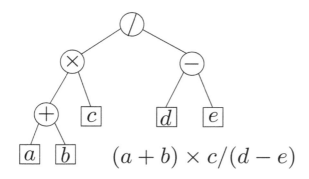

図 2.3 二分木の実現

[例] 図 2.3 は, $(a+b) \times c/(d-e)$ という数式の計算を表している二分木[*3]です．この二分木を, コードで書いたものが リスト 2.1 です．item には, '/', '*' など, 二分木の各節にある要素が入っています．father[i] は, item[i] の親を示しています．例えば, father[3] は 1 なので, item[3]='+' の親は, item[1]='*' です．この表現方法は, 自分の親を見つけることは簡単です．一方で, 自分の子供を見つけるには, father[] から自身の添字を探します．つまり, 要素数が n 個のときは, $O(n)$ 時間がかかってしまいます．

一方の left[], right[] を使う手法では, 左の子と右の子の添字を, それぞれ配列に保存しています．item[3]='+' の右の子は, right[3]=8 なので item[8]='b' となります．自分の親を探すには, left[], right[] を探索することになります．

配列の中で-1 となっているところは, その指す場所に何もないことを表しています．father[] の場合は親が, left[], right[] の場合は子がないことになります． □

これらの実現で, 二分木を表すことは出来ますが, 自らの親が何か, 子供が何かを調べるためだけに $O(n)$ 時間を使うのは, データ構造としてあまり嬉しくありません．また, left[], right[] には, 何もないことを表す-1 が多くあります．つまり, 無駄なメモリを使っていることになります．

完全二分木の実現

完全二分木の場合には, 簡単な実現法があります．

リスト 2.2 配列による完全二分木

```
var items[] = new Array(' ', '/', '*', '-', '+', 'c', 'd', 'e', 'a', 'b');
```

リスト 2.2 は, 図 2.3 の二分木を実現したものです．リスト 2.1 と同じものですが, 次の形になるように, 要素を保存していきます．ただし, item[0] は空けておき, item[1] を根としています．

- item[i] の親は, item[i/2] にする．
- item[i] の子は, item[2*i], item[2*i+1] にする．

[*3] a, b, c, d, e に値が入ると, 葉から計算して, 内点を数字に変えていき, 最終的には, 根までくると, 式の計算が出来ます．

また，要素を追加するときは，一番最後にしか入れれません．

参照型による実現

さて，次に参照型を使った方法を説明していきます．参照型を使う場合は，二分木の構造として，節 (ノード, node) と呼ばれるデータ構造を利用します．この節は，二分木の一つの要素となります．

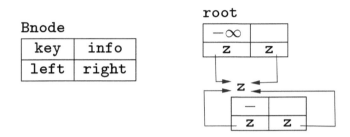

図 2.4　節と二分木の初期化

図 2.4 左は，二分木の節を表したものです．節は，整数を入れる key という値とデータを入れる Info という場所を持ちます．また，二分木の左の子を表す Left と，右の子を表す Right を持ちます．例えば，図 2.3 の '/' を表す節では，Info に文字列 '/' が入ります．Left には '/' の左の子 '*' の節を表す参照値を，Right には右の子 '-' の節を表す参照値を入れます．

リスト 2.3 は，節をクラスとして実装したものです．

リスト 2.3　節

```
1  class Bnode {
2      static nodeCount = 0;
3
4      constructor(args = {}) {
5          Bnode.nodeCount++;
6
7          this.key = args.key || 0;
8          this.info = args.info;
9          this.left = args.left;
10         this.right = args.right;
11         this.hashCode = Bnode.nodeCount;
12     }
13
14     toString() {
15         return `Node: ${String(this.hashCode) || ''},
16                 Key: ${String(this.key) || ''},
17                 Left: ${String(this.left.hashCode) || ''},
18                 Right: ${String(this.right.hashCode) || ''}`;
19     }
20 }
```

リスト 2.3 の 4 行目から 12 行目は，節 Bnode を作る constructor です．14 行目から 19 行目は，Bnode を文字列に変換するメソッドです．JavaScript では，参照値を直接扱うことが難しいため，Bnode の通し番号 nodeCount を使い，参照値の代わりにしています．nodeCount は，0 から始まり，Bnode が作られる度に，1 ずつ増えていきます．

参照型を用いた二分木を実装する場合には，いくつかの方法があります．ここでは，番兵 z を用いた方法を説明していきます．図 2.4 右は，二分木を初期化した状態です．初期化し

2.1 二分木

た状態では，根を表す節 root と番兵を表す節 z があります．根の key には，$-\infty$ が入っていて，その子は両方とも，z になっています．また，z のどちらの子も z になっています．

リスト 2.4　binary_search_tree.js(一部)

```
const Binary_Search_Tree = {
    root: null,
    z: null,
    order: '',
    list: [],
    init() {
        this.list = [];
        this.order = '';

        this.z = new Bnode();
        this.z.left = this.z.right = this.z;

        this.root = new Bnode({
            key: Number.MIN_SAFE_INTEGER,
            left: this.z,
            right: this.z,
        });
    },
    ....
}
```

リスト 2.4 は，二分木の実装です．Binary_Search_Tree の初期状態を作っています．図 2.4 右になるように節 z, root の間の接続関係を作っています．root には，最小の整数値を代入しています．これにより，key として，どのような整数値が来ても，root の右部分木に全てのノードが入ります．

さらに，binary_search_tree.js では，二分木の走査 を定義しています (リスト 2.5)．(二分) 木の**走査**は，その木に含まれるすべての節を順番に訪れ，節に何らかの処理をおこなうことです．

木の走査には，大きく分けて，**レベル優先**と**深さ優先**の 2 種類があります．

レベル優先走査 (breadth-first search)　レベルの小さい節を先にみる走査方法です．つまり，i 番目のレベルをすべて見終わってから，$(i+1)$ 番目のレベルを見ていきます．ただし，同一レベルの中では，どれを見てもよいことにします．

深さ優先走査 (depth-first search)　訪問中の節の中でまだ訪れていない子を先に見る方法です．ただし，子の中でどの子を見てもよいことにします．

深さ優先走査の場合，処理する順の違いで 3 種類の走査，**前順序** (preorder)，**中順序** (inorder)，**後順序** (postorder) を考えることができます．これらは，それぞれ次の順で処理をおこないます．

前順序　(1) 訪問した節を処理．(2) 左の子を処理．(3) 右の子を処理．
中順序　(1) 左の子を処理．(2) 訪問した節を処理．(3) 右の子を処理．
後順序　(1) 左の子を処理．(2) 右の子を処理．(3) 訪問した節を処理．

[例] 図 2.5 は，二分木の各節にアルファベットを割り振ったものです．左の木を，レベル優先 (同じレベルは左から) で走査すると，"ecesicsn" という並びが得られます．一方，中順序でたどると，"sciences" という並びが得られます．　□

[練習] 図 2.5 の 2 つの二分木をレベル優先，前順序，中順序，後順序でたどったときにできる文字列を書いてください．ただし，自由度がある場合は，左にある節からたどることに

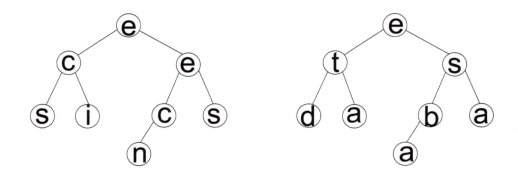

図 2.5　二分木の走査

します．

図 2.6　二分木と順序 (前順序, 中順序, 後順序)

　図 2.6 は，二分探索木アプリで二分木を表示したときの画面です．まず，二分木がどのように表現されているかを図 2.6 左で説明します．二分木内部以下の各行は，二分木の 1 つの節です．Node はその節の参照値，Key はキー，Left は左の節の参照値，Right は右の節の参照値です．最初の行 (節) が根 root で，最後の行が番兵 z です．根の左の節は Node 1 (10 行目) で，番兵になっています．根の右の節は Node 3 で，その左の子は Node 4 で，右の子は Node 7 です．

[練習] 図 2.4 のように，図 2.6 左が表す二分木を書いてみましょう．また，中, 右の図も二分木を書いてみましょう．

　図 2.6 左, 中, 右からできた二分木は，全く同じものです．しかし，処理される順は，用

2.1 二分木

いた順序により違っています. それぞれの順は, ㉕, ⑧, ③, ⑲, ㉙, ㉖, ㉟, ㊿ (前順序), ③, ⑧, ⑲, ㉕, ㉖, ㉙, ㉟, ㊿ (中順序), ③, ⑲, ⑧, ㉖, ㊿, ㉟, ㉙, ㉕ (後順序) である. 節 root と z は処理をしません.

さて, これらの走査を実装すると, リスト 2.5 になります.

リスト 2.5 `binary_search_tree.js`(初期化)

```javascript
const Binary_Search_Tree = {
....
    preorder(node) {
        if (node === this.z) return this.list;

        this.list.push(node);
        this.order = `${this.order}${node.info}, `;

        this.preorder(node.left);
        this.preorder(node.right);

        return this.list;
    },

    inorder(node) {
        if (node === this.z) return this.list;

        this.inorder(node.left);
        this.list.push(node);
        this.order = `${this.order}${node.info}, `;

        this.inorder(node.right);

        return this.list;
    },

    postorder(node) {
        if (node === this.z) return;

        this.postorder(node.left);
        this.postorder(node.right);

        this.list.push(node);
        this.order = `${this.order}${node.info}, `;

        return this.list;
    },
....
```

前順序, 中順序, 後順序の実装が, リスト 2.5 の preorder, inorder, postorder です. 実装は, 再帰として定義されています. つまり, 節が z となるまで, 子供を見ていきます. 前順序の場合は, list に節を加えて, 右と左の子を見ていきます. これを繰り返すことで, すべての節の走査ができます.

ここまで, 基本的な二分木とその走査について説明してきました. まだ, データの入力や削除などについては, 説明をしていません. これらの操作をおこなうには, 二分木に制約を付けたほうがよいからです. そのような制約を付けた二分木を次節で説明します.

問題

1. 配列を使った二分木の実現 (`left[]`, `right[]` の利用) で, 親を返す関数を書いてみてください.
2. 配列を使った二分木の実現 (`parent[]` の利用) で, 子供を全て返す関数を書いてみてください.
3. [発展] 定理 2 で節点 v が内部節点を子に持つ場合を証明してください (内部節点の子孫にある内部節点の個数 m として考えてみよう).

2.2 二分探索木

本節では，**二分探索木** (binary search tree) を説明します．二分探索木は，全ての節において，次の条件が成り立つ二分木です．

(条件) どの節 p においても，

p のキーよりも小さなキーを持つ節は，p の左部分木に含まれます．

p のキーよりも大きいか等しいキーを持つ節は，p の右部分木に含まれます．

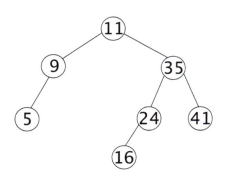

図 2.7　二分探索木

図 2.7 は二分探索木です．この二分探索木には，キーとして，⑤, ⑨, ⑪, ⑯, ㉔, ㉟, ㊶ が含まれています．どの節でも二分探索木の条件が成り立ちます．

[練習] 全ての節で条件が成り立っていることを確認してください．

図 2.8 は，二分探索木アプリの動作です．

図 2.8　二分探索木アプリの動作

2.2 二分探索木

図 2.8 左は, 図 2.7 と同じ数値を入れたものです. 各行は 1 つの節に対応しています. この部分は, 図 2.6 と同じです. 上のフォームに数値を入れ, 追加 を押すと, その数値が二分探索木に入ります. 上のフォームに数値を入れ, 検索 を押すと, その数値を二分探索木で検索します. 図 2.8 中は, 数値が見つかった場合です.

上のフォームに数値を入れ, 削除 もしくは, 削除 (再帰) を押すと, その数値があれば削除します. それぞれあとで説明する 2 種類の削除に対応しています. 図 2.8 右は, ㉟を削除したあとの状態です.

データの探索

二分探索木にデータを持っておくと, あるキーを持つ節があるかどうかを **二分探索**を用いて調べることができます. 例えば, 図 2.7 で, ㉔を探してみましょう. まず, 根と等しいかどうかを調べます. ㉔が根のキー⑪よりも大きいので, 二分探索木の条件から, 左部分木には㉔がありません. つまり, ㉔が含まれるとすると右部分木にあります. 次に, ⑪の右の子の㉟と比較します. ㉔が ㉟ よりも小さいので, 左の部分木に入り, ㉔を見つけることができます. また, ㉕を探すときは, ㉔の節までは同じようにいきます. そして, 右の子をみたとき, 節がないので, 探索を終わり, この二分探索木にはないとわかります. 実際に実装するときは, 番兵 z を用意し, そこに到達すると, データがなかったとします.

ここまでをアルゴリズムとしてまとめると, アルゴリズム 8 になります.

アルゴリズム 8 二分探索木の探索

入力: key: 探すキー; root: 根; z: 番兵;
入力: node: 節;
1: z のキーに key を入れる;
2: node に root を入れる;
3: **do**
4:     **if** (key が node のキーより小さい) **then**
5:         node を node の左の子にする;
6:     **else**
7:         node を node の右の子にする;
8: **while** (key と node のキーが違う);
9: **if** (node が z である) **then**
10:     key を持つ節がなかった;
11: **else**
12:     key を持つ節が見つかった;

アルゴリズム 8 では, 最初に番兵のキーに key を入れます. これにより, 3 行目からの **do-while** 文が必ず終わります. **do-while** 文の中では, 二分探索木の根から葉に向かって探します. node のキーの値と key を比較し, どちらの子を処理すれば良いかを決めています. **do-while** 文が終わった後に, node が z であれば, key を持つ節がなかったことになります. z でないときには, key を持つ節が見つかったことになります.

アルゴリズム 8 を実装したのが, リスト 2.6 です.

リスト 2.6 binary_search_tree.js(探索)

```javascript
search(key) {
    const node = this.BSTsearch(key, this.root);
    if (node === this.z) {
        return false;
    } else {
        return true;
    }
},

BSTsearch(key) {
    this.z.key = key;
    let node = this.root;

    do {
        if (key < node.key) {
            node = node.left;
        } else {
            node = node.right;
        }
    } while (key !== node.key);

    if (node === this.z) {
        return false;
    } else {
        return true;
    }
},
...
}
```

リスト 2.6 では，アルゴリズム 8 をほぼそのまま実装しています．つまり，二分探索木をたどりながら，節がある場所を探しています．また，探索が成功したかどうかを返すメソッド search も定義しています．search は，その中で BSTsearch を呼んでいます．

データの挿入

二分探索木に，新しい節を挿入する方法を説明します．新しい節のキーの値により，二分探索木に入れることのできる場所は決まっています．例えば，図 2.7 の二分探索木に⑩という数字を入れてみましょう．⑩は，⑪より小さく⑨よりも大きいので，この間にしか入れません．つまり，⑨の右の子となれば条件を満たします．二分探索木は区間を表現しているとも考えられます．例えば，⑨と⑪の間に入れることのできるキーの値 x は，必ず $9 \leq x < 11$ を満たしています．

[練習] 図 2.7 の二分探索木に，(色々なキーを持つ) 節を挿入してどこに入るのか試してみましょう．

二分探索木と新たな節があるとき，入るべき場所が決まることがわかりました．この場所を探すのは，二分探索木での探索とほぼ同じです．節のつなぎ替えが起こるので，現在の節の親を保存しながら，探索していきます．親がわかっていれば，その子として，新しい節を追加できます．

二分探索木への挿入をするアルゴリズム 9 を説明します．2 行目から 9 行目の **do-while** 文で，新たな節が入る場所を探しています．探索の場合との違いは，節 node の親 parent を持っていることです．parent になる節が見つかると，新しい節 newNode を作成し，子供を z としています (10 行目から 12 行目)．その上で，キーの値に応じて，newNode を parent の右か左の子としています．

アルゴリズム 9 を実装したものがリスト 2.7 です．真理値を返す insert とノード自身を返す BSTinsert に分かれています．insert では，BSTinsert を呼び出し，その返り

2.2 二分探索木

アルゴリズム 9 二分探索木への挿入

入力: key: 探すキー; root: 根; z: 番兵;
入力: node, parent: 節;

1: node に root を入れる;
2: **do**
3:     parent に node を入れる;
4:     **if** (key が node のキーより小さい) **then**
5:        node を node の左の子にする;
6:     **else**
7:        node を node の右の子にする;
8: **while** (node と z が違う);
9: 新しい節 newNode を作る;
10: newNode のキーに key を入れる;
11: nweNode の右の子と左の子に z を入れる;
12: **if** (key が parent のキーより小さい) **then**
13:     parent の左の子に newNode を入れる;
14: **else**
15:     parent の右の子に newNode を入れる;

値によって, 真偽を返しています. BSTinsert は, アルゴリズム 9 をそのまま実装しています.

リスト 2.7 binary_search_tree.js(挿入)

```javascript
    insert(key) {
        const node = this.BSTinsert(key, this.root);

        if (node != null) {
            return true;
        } else {
            return false;
        }
    },

    BSTinsert(key, node) {
        let parent;
        do {
            parent = node;
            if (key < node.key) {
                node = node.left;
            } else {
                node = node.right;
            }
        } while (node !== this.z);

        const newNode = new Bnode({
            key,
            left: this.z,
            right: this.z,
        });

        if (key < parent.key) {
            parent.left = newNode;
        } else {
            parent.right = newNode;
        }
        return node;
    },
    ...
```

36   }

データの削除
　節の削除は，削除される節の子の数に応じて，おこなうことが変わります．

子が無い場合　親からその節への参照値を消します．
子が 1 個の場合　削除する節を指していた参照値を，子を指すようにします．
子が 2 個の場合　直前のキーを持つ節 p と削除する節を交換します．p は，高々 1 つしか子を持たないので，上のどちらかで処理ができます．

[練習] p が高々 1 つしか子を持たないことを色々な二分木で，確認してみてください．また，このことを示してください．

　図 2.7 で，それぞれの場合を考えていきます．まず，子が無い ⑤や⑯のときは，親を見つけ，その節を指している参照値を親から削除します．⑨を削除するときは，⑪の左の子を，⑨の子である⑤とします．最後に，㉟を削除する場合を考えます．直前のキーは ㉔なので，これを㉟ と入れ替えます．入れ替えられた㉟は右の子を持たないので，子が 1 つの場合で処理できます．これをアルゴリズムの形で書くと，アルゴリズム 10 となります．

アルゴリズム 10 二分探索木からの削除 (再帰)

入力: `node`: 節, 初期値は根; `z`: 番兵;
入力: `key`: 削除するキーの値

1: **if** (`node` が `z` に等しい) **then**
2: 　　`node` が見つからなかった;
3: **else if** (`key` が `node` のキーの値でない) **then**
4: 　　**if** (`key` が `node` のキーの値よりも小さい) **then**
5: 　　　　`node` の左部分木から `key` を削除;
6: 　　**else**
7: 　　　　`node` の右部分木から `key` を削除;
8: **else**
9: 　　**if** (`node` の左の子か，右の子が `z`) **then**
10: 　　　　`notZ` を `node` の子で `z` でない節とする;
11: 　　　　`node` のあった場所に，`notZ` を置く;
12: 　　**else**
13: 　　　　`node` の左部分木の中で，最大のキーを持つ節 `max` を探す;
14: 　　　　`max` のキーを `node` に代入;
15: 　　　　`max` の代わりに，`max` の左部分木を置く;

　図 2.9 を使い，アルゴリズム 10 を説明します．図 2.9(a), (b) はそれぞれ削除前と削除後の二分探索木の状態が書いてあります．アルゴリズム 10 は，再帰のメソッドとなっています．再帰が終わる部分は，最初の **if** 文 (1 行目と 2 行目) です．二分探索をおこないながら，目的の節 `node` がいるはずのところにきたときに，番兵の `z` を見つけると，見つからなかったと報告して終わります．次の **else if** 文 (3 行目から 7 行目) は，`node` を再帰的に

2.2 二分探索木

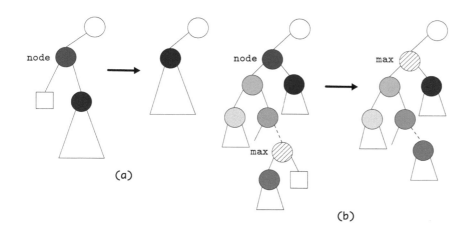

図 2.9 二分探索木からの削除 (再帰)

探している部分です．3 行目の条件で，key と節 node のキーが違うため，二分探索木の中を探します．このとき，二分探索木の条件から，どちらの部分木を探せば良いかが決まります．

8 行目の **else** 文に入るときは，**if** 文の条件も **else if** 文の条件も満たさない．つまり，node は番兵でなく，そのキーの値が key のときです．これは，削除する節が見つかったときです．**if** 文 (9 行目から 11 行目，図 2.9 (a)) は，子供が無い場合と子供が 1 つの場合を表しています．node の子供のうち，一つは z なので，残す必要があるのは，もう一方の notZ です．つまり，node の親から，node のあった場所に notZ を繋ぐことになります．両方共が z のときは，node の部分を z に置き換えることになります．

次の **else** 文 (12 行目から 15 行目，図 2.9 (b)) は，両方の子が z でないときです．つまり，図 2.9 (b) のように，削除する節 node の直前の節 max が左部分木の中にあります．max は，node の直前の節なので，node の代わりにその場所に入れても，節の順序は保たれます．また，max の左の子があったとしても，右の子はいませんから，node の親に max の左の子を繋げばよいことになります．

[**練習**] 図 2.9 (b) では，節のキーの大きさを節の色の濃さで表しています．図 2.9 (b) 左 (削除前) での節の順序と，図 2.9 (b) 右 (削除前) での節の順序に矛盾がないことを確認してください．

リスト 2.8 は，再帰を使った削除の実装です．

リスト 2.8 binary_search_tree.js(削除，再帰)

```
BSTdeleteRec(key, node) {
    const z = this.z;

    if (node === z) {
        return z;
    } else if (key !== node.key) {
        if (key < node.key) {
            return this.BSTdeleteRec(key, node.left);
        } else {
            return this.BSTdeleteRec(key, node.right);
        }
    } else if (node.right === z || node.left === z) {
        const par = this.parent(node);
```

```
14            const notZ = (node.right === z) ? node.left : node.right;
15
16            if (par.right === node) {
17                par.right = notZ;
18            } else {
19                par.left = notZ;
20            }
21            return node;
22        } else {
23            const max = this.findMax(node.left);
24            const parMax = this.parent(max);
25            const maxLeft = max.left;
26
27            node.key = max.key;
28
29            if (parMax.right === max) {
30                parMax.right = maxLeft;
31            } else {
32                parMax.left = maxLeft;
33            }
34            return node;
35        }
36    },
```

リスト 2.8 の 4 行目から 5 行目はデータが見つからずに，番兵 z に到達したときの処理です．6 行目から 11 行目は，再帰で，自身を呼び出しています．探している key と現在の node の値を比較し，左部分木 (8 行目)，右部分木 (10 行目) のいずれかを探しています．

12 行目からが削除するキーが見つかったときの処理です．まず，12 行目から 21 行目が子が 1 個か，2 個の場合です．parent メソッドで，node の親を探します．notZ を z でない node の子とします．両方とも z のときは，z となります．最後に node のあった場所に，nonZ を入れると削除が終わります．

23 行目からは，2 個の子がある場合です．このとき，findMax メソッドで，削除する node の左部分木でキーが最も大きい節 max を探します．また，つなぎ変えのため，node の親 parMax を探します．そして，max のキーだけを node のキーに代入し，max のあった場所に，max の左の子 maxLeft を入れます．これで削除が終わります．

次に，非再帰で節の削除をおこなう方法 (アルゴリズム 11) を説明します．

アルゴリズム 11 の 2 行目から 8 行目は，削除する節を探す部分です．これが終わった時点で，削除する節 node とその親 parent が見つかっています．さらに，9 行目で，見つかった node が z と同じかどうかを判定しています．同じときは，削除すべき節が無いので，終了します．その後の部分は，削除する節が見つかった場合です．

13 行目の if 文で，左の子が z かどうかで場合分けしています．左の子が z であれば，子供が多くても 1 つです．もし，右の子も z であれば，子供がない場合となります．この場合，node が z となり，parent の子も z となります．右の子があるときは，node がその子となります．そして，found に見つけた節があるので，found のキーと親のキーを比較し，found を parent の適切な方に繋ぎます (26 行目から 29 行目)．

アルゴリズム 11 の 12 行目からの場合を説明します．この場合は，図 2.10 左の状況になります．つまり，削除しようとしてる節 ㉟ に子どもが 1 つしか無いときです．アルゴリズム 11 を実行していくと，12 行目が終了したときに，parent が ㉙，found が ㉟，node が ㊿ となります．そして，30 行目からの if 文で，㊿ が parent の右の子となり，削除が終了します．

最後は，2 つの子がある場合 (15 行目から 25 行目) です．child を node の左の子とします．child の右の子が z のとき，found の右の子を child の右の子としてます．そして，node を child としています．図 2.10 右は，この状況になっています．parent が ㉕，

2.2 二分探索木

アルゴリズム 11 二分探索木からの削除 (非再帰)

入力: key: 削除するキー; root: 根; z: 番兵;
入力: node, parent, child, found: 節;

1: node に root を代入; z のキーに key を代入;
2: **do**
3:    parent に node を代入;
4:    **if** (key が node のキーより小さい) **then**
5:       node に node の左の子を代入;
6:    **else**
7:       node に node の右の子を代入;
8: **while** (key と node のキーが違う);
9: **if** (node と z が等しい) **then**
10:    削除する節がなかった;
11: **else**
12:    found に node を代入;
13:    **if** (node の左の子が z である) **then**
14:       node に, 右の子を代入;
15:    **else**
16:       child に node の左の子を代入; node に node の左の子を代入;
17:       **if** (child の右の子が z である) **then**
18:          child の右の子に found の右の子を代入;
19:          node に child を代入;
20:       **else**
21:          **while** (child の右の子の右の子が z でない)
22:             child に child の右の子を代入;
23:          node に child の右の子を代入; child の右の子に node の左の子を代入;
24:          node の左の子に found の左の子を代入;
25:          node の右の子に found の右の子を代入;
26:    **if** (found のキーが parent のキーよりも小さい) **then**
27:       parent の左の子に node を代入;
28:    **else**
29:       parent の右の子に node を代入;

found が⑧, child が③となります. ③は, z なので, そこに⑧の右の子⑲を繋ぎます. 最後に, 30 行目からの if 文で parent(㉕) に繋ぎます.

そうでない場合は, child の右の子の右の子が z になるまで child を右の子にしていきます (21 行目から 22 行目). そして, node を child の右の子とします. node は, 右の子が z であり, 削除される節の直前のキーを持つ節です. この node を, 削除する節の代わりとします. そのために, 左の子を child の右の子とします. node の子供を, found の子供にします. 最後に, parent の子を, node にします.

図 2.11 を使い, 2 つの子供があり, child の右の子が z でないときを説明します. アル

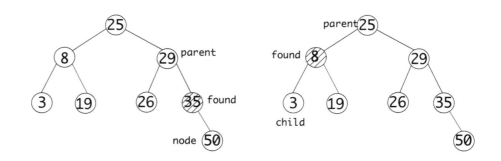

図 2.10 二分探索木からの削除 (1)

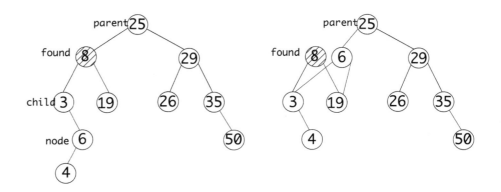

図 2.11 二分探索木からの削除 (2)

ゴリズム 11 の 22 行目が終わったとき, parent が ㉕, found が ⑧, child が ③ となります (図 2.11 左). 次に node ⑥ が削除される節の代わりにします. すなわち, ⑧ の子供だった節を, ⑥ の子供とします. ⑥ の右の子は元々おらず, 左の子は ③ の右の子とできるので, ⑧ の子供を ⑥ の子供とすることができます. 最後に, ⑥ を ㉕ の子供とすると, 削除が終わります.

アルゴリズム 11 の実装は省略します. 興味のある人は, 実装してみましょう.

[問題]

1. 二分探索木で最大 (もしくは最小) の値を探すアルゴリズムを考えてみましょう. また, そのアルゴリズムを実装してみましょう.
2. リスト 2.8 に出てきた parent と findMax を実装してみましょう.
3. (発展) アルゴリズム 11 を実装してみましょう.

探索, 挿入, 削除の計算量

二分探索木での探索, 挿入, 削除の計算量について考えます. 二分探索木が n 個の節を持っているとします. 探索をおこなうとき, 1 つの節で 3 種類の場合があります. その節

2.2 二分探索木

が探している節であるとき，左部分木を探すとき，右部分木を探すときです．いずれにしても，二分探索木の節を下っていくため，二分探索木の高さに比例する手間が必要となります．よって，次の補題が成り立ちます．

補題 1 n 個の頂点を持つ二分探索木での探索，挿入，削除は，二分探索木の高さに比例する時間で終了します．そのため，最悪のときは $O(n)$ 時間となります．

証明： 二分探索木を根から調べていき，1 つのレベルで，1 度だけ比較をします．そのため，二分探索木の高さだけ，比較をおこなえば，探索は終了します．

最悪の場合は，二分探索木の高さが n の場合です．この二分木に対して，最も下の節の探索をおこなうと，n 個の節を調べる必要があり，n に比例する手間がかかることになります．挿入，削除に関しても，探索を含むため，同様の時間が必要となります． □

もし，n 個の節からなる二分木が完全であれば，二分探索木の高さは，$O(\log n)$ となります．そのため，補題 1 から，探索は $O(\log n)$ 時間で終了します．

二分探索木に挿入される節の順番がランダムなときは次の定理が成り立ちます．

定理 3 n 個の節からなる二分探索木において，挿入の順がランダムの場合を考えます．この二分探索木への探索や挿入は，1 回あたり $2 \log n = 1.38 \ldots \log_2 n$ 回の比較で終了します．

証明： T を空な木に n 個のキーを $k_1, k_2, \ldots, k_n$ をこの順に入れてできた二分探索木とします．その内部節点を $p_1, \ldots, p_n$，外部節点を $q_0, q_1, \ldots, q_n$ とします．また，$l_{in}(T), l_{out}(T)$ をそれぞれ内部路長和，外部路長和とします．

この時，内部節点 v のキーを探索し，成功した時 (つまり見つかった時) の比較回数は，$l(v) + 1$ です．$C_n(T)$ を 1 回の成功探索に置ける平均の比較回数とします．どの内部節点も同じ確率で探索されるとすると，次の式が成り立ちます．

$$C_n(T) = \sum_{i=1}^{n} \frac{l(p_i) + 1}{n} = \frac{l_{in}(T)}{n} + 1. \tag{2.3}$$

同様に，$C'_n(T)$ を，1 回あたりの外部節点の探索 (以下では，不成功探索と呼びます) の比較回数とします．どの外部節点の探索も同確率であるとすると，次の関係が成り立ちます．

$$C'_n(T) = \sum_{i=1}^{n} \frac{l(q_i) + 1}{n+1} = \frac{l_{out}(T)}{n+1}. \tag{2.4}$$

式 (2.3), (2.4) と定理 2 の式 (2.2) から，$C_n(T) = C'_n(T)((n+1)/n) - 1$ が得られます．さらに，$n!$ 通りの入力列が等確率に発生するとすると，$C_n(T)$ の期待値 C_n と $C'_n(T)$ の期待値 C'_n の間も，次の関係 (2.5) が成り立ちます．

$$C_n = C'_n \cdot \frac{n+1}{n} - 1 \tag{2.5}$$

次に，キー k_j の探索を考えます．T_{j-1} をキー $k_1, \ldots, k_{j-1}$ を挿入してできた二分探索木とします．k_j を探索する場合は，T_{j-1} に k_j を挿入した時と同じ道を通ります．つまり，k_j の成功探索は，T_{j-1} の不成功探索の場合よりも 1 度だけ比較が多くなります．T_{j-1} での不成功探索は，$C'_i (i = 0, \ldots, n-1)$ のいずれかです．よって，次式が成り立ちます．

$$C_n = \frac{C'_0 + C'_1 + \cdots + C'_{n-1}}{n} + 1 \tag{2.6}$$

式 (2.5), (2.6) から, 次の漸化式が得られます.

$$C'_n = C'_{n-1} + \frac{2}{n+1}, C'_n = 0. \tag{2.7}$$

この漸化式を繰り返し使うと, C'_n が計算できます.

$$C'_n = \frac{2}{n+1} + \frac{2}{n} + \cdots + \frac{2}{2} + 2 = 2H_{n+1} - 2$$

ここで, H_n は調和数です. よって,

$$C_n = 2H_{n+1} - 3 + \frac{2H_{n+1}}{n} \sim 2\log_e n = 1.38...\log_2 n.$$

□

定理 3 により, 平均としては, 高さが $O(\log n)$ となることがわかりました. これにより, 次の系が成り立ちます.

系 1 n 個の節点を持つ二分探索木の検索, 挿入, 削除の平均計算量は, $O(\log n)$ 時間になります.

用語説明：調和数

調和数 H_n は, 次の式で決まる数です.

$$H_n = 1 + \frac{1}{2} + \cdots + \frac{1}{n}$$

調和数は, 積分を使うと, 大体の値を得ることができます.

$$H_n \geq \int_1^n \frac{1}{x} dx = [\log_e |x|]_1^n = \log_e n - \log_e 1 = \log_e n.$$

H_n と $\log_e n$ の差は小さい $(0.5772\ldots)$ ので, ほぼ等しいということで,

$$H_n \sim \log_e n$$

と書きます.

2.3 平衡二分探索木

前節で, 二分探索木を使うと, 検索, 挿入, 削除などの計算時間の期待値 $O(\log n)$ 時間となることを説明しました. しかし, キーの入力順によっては, $O(n)$ 時間が必要となることがあります. 本節では, $O(\log n)$ 時間で操作が終わるデータ構造である**平衡二分探索木**を説明します.

まず, 高さと重さの平衡を定義します.

高さ平衡 全ての節で, 右部分木と左部分木の高さの差が一定以下です. 高さ平衡の二分木としては, AVL 木, B 木, 赤黒木, スプレー木などがあります.

重さ平衡 全ての節で, 右部分木と左部分木に含まれる節の数の差が一定以下です.

もし, 二分木が (高さ, または重さ) 平衡なら, 木の高さが n に比例することはありません.

2.3 平衡二分探索木

二分探索木を，高さ平衡にするには，どうすれば良いでしょうか．どのような順で節が入っているかは，全くわかりません．そこで，データ構造として，高さ平衡を保つために，**回転操作** (rotation) という操作を考えます．

定義 7（回転操作） 二分木 T において，v での右回転 (right rotation) とは，v の左の子 u を v の位置に引き上げ，v を u の右の子とし，部分木 T_2 を v の左の子とする操作です（図 2.12）．（u での）左回転 (left rotation) は，右回転の逆操作です．

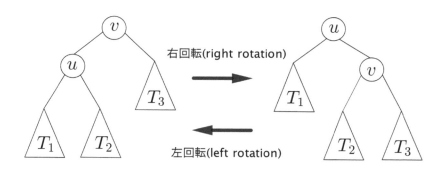

図 2.12 回転操作

二分探索木に，回転操作をおこなった場合，二分探索木の条件は，保持されます．これは，図 2.12 左の二分木でも，右の二分木でも次の関係が成立するためです．

$$(T_1 \text{の節のキー}) < u \text{のキー} \leq (T_2 \text{の節のキー}) < v \text{のキー} \leq (T_3 \text{の節のキー})$$

回転操作により，二分探索木の性質が保たれることがわかりました．しかし，回転操作をすることで，何が変わるのでしょうか．右回転の場合を考えてみます．右回転をおこなうと，u と T_1 に含まれる全ての節は，高さが 1 だけ小さくなります．また，v と T_3 に含まれる全ての節は高さが 1 だけ大きくなります．もし，v の左部分木（u を根とする）の高さが，右部分木（T_3）の高さよりも大きいときは，右回転でその差が小さくなります．左回転の場合は，逆になります．つまり，回転操作をおこなうと，T_1 や T_3 に含まれる節を上下させることができるので，平衡木に近づけることができます．

さて，T_2 に含まれる節が高さの条件を満たさないときは，どうでしょうか．この場合も，T_2 に含まれる節で，2 度の回転操作をおこなうと，T_2 を平衡化することができます．

[練習] どのような回転操作をすれば，T_2 の中を平衡化できるか考えてください．

高さは自然数なので，回転操作を繰り返すことで，右部分木と左部分木の高さはほぼ同じになっていきます．つまり，二分探索木に回転操作をおこなうことで，平衡二分探索木にできます．

リスト 2.9 が右回転の実装です．

リスト 2.9 `binary_search_tree.js`（右回転）

```
RotR(node) {
    const tmp = node.left;
```

```
4          node.left = tmp.right;
5          tmp.right = node;
6
7          return tmp;
8      },
```

RotR は，図 2.12 に従って，節の繋ぎ換えをおこなっているだけです．

[練習] 左回転 RotL を実装してみましょう．

赤黒木

赤黒木とは，次の条件を満たす二分探索木です．

1. 全ての節点は赤か黒であり，根と外部節点は黒です．
2. 赤い節点の親は必ず黒です．
3. 根から外部節点への全ての道は，同じ個数の黒い節点があります．

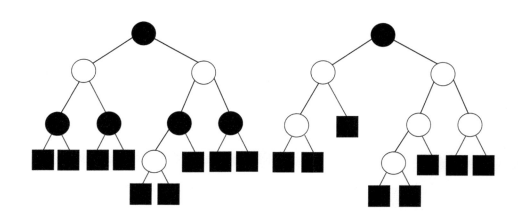

図 2.13 赤黒木

図 2.13 左は，赤黒木です (赤の節点は白で表しています)．赤黒木の条件を満たしているかを確認します．条件 1 を満たしていることは，赤い節点と黒い節点しかないことからわかります．条件 2 は，赤い節点が続いていないことから確認できます．条件 3 は，どの外部節点であっても，3 つの黒い節点 (外部節点を含む) を通ることから満たしています．

[練習] 図 2.13 左で，内部節点を追加できる場所を考えなさい．図 2.13 右の二分木に赤黒の色を塗り，赤黒木となるようにしなさい．もし，どうしても赤黒木とならない場合は，内部節点をどうすれば良いか示しなさい．

赤黒木の高さに関する次の定理を証明します．

定理 4 内部節点の個数が n の赤黒木の高さは，$O(\log n)$ です．

証明： 赤黒木の中で最長の道は，黒と赤が交互にある道で，最短の道は，黒のみからなる道です．

2.4 ヒープ

m を高さの最も小さい外部接点の高さとし, d を木の高さとします. この時, 条件から,

$$d \leq 2m$$

が成り立ちます.

また, 高さが $m-1$ 以下の内部節点数は, $2^m - 1$ 個しかありません. つまり, 内部接点の個数 n に対し,

$$n \geq 2^m - 1$$

が成立します. この式を m について解くと, 次式が得られます.

$$m \leq \lfloor \log_2(n+1) \rfloor.$$

よって,

$$d \leq 2m \leq 2\lfloor \log_2(n+1) \rfloor.$$

□

つまり, 二分探索木が赤黒木であれば, その高さは常に, $O(\log n)$ なので, 探索も常に $O(\log n)$ 時間で終わります. 赤黒木は二分探索木でもあるので, 探索は二分探索木と同じようにできます. 赤黒木への節の挿入, 削除は, 省略します.

[練習] 高さが h の拡張された二分木は, どんなに多くても $2^h - 1$ 個の内部節点しか持たないことを示してください. それぞれの高さで幾つの内部節点があるかを考えてみましょう.

2.4 ヒープ

次に二分木の一種であるヒープについて説明します. ヒープを用いると, 簡単にソートができます.

まず, ヒープの定義します.

定義 8 ヒープとは, 二分木であり, 全ての節で次のヒープ条件を満たします.
(ヒープ条件) 節の値は, 子供の節の値よりも大きいか, 等しい.

図 2.14 の木は, 両方ともヒープです. 図 2.14 右は, 完全二分木であり, 図 2.14 左と同じデータが入っています. このように, 節を横優先で入れることで, 完全二分木として, データを持つことができます. 以降では, 完全二分木を用いて, ヒープを作成していきます.
[練習] 図 2.14 の木がヒープであることを確認しなさい.

図 2.15 は, ヒープのアプリの画面です. 図 2.15 左は, 123, 56, 456, 230, 13, 28, 45, 99 をこの順で入力した状態です. この形でヒープとなっていることを確認しましょう. 添字 i の要素の子供は, 添字が $2i$ と $2i+1$ の要素なので, 節 1:456 の子供は, 節 2:230 と 節 3:123 です. また, 逆に添字を 2 で割ると親となります. よって, 節 1:456 はヒープ条件を満たしています. 節 2:230 の子供は, 節 4:99, 節 5:13 なので, ヒープ条件を満たしています. 節 3:123, 節 4:99 もヒープ条件を満たしています.

図 2.15 中は, 左図に 130 を入力した後です. この状態でもヒープ条件が満たされています.

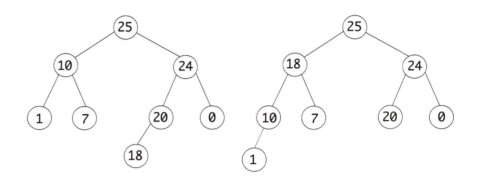

図 2.14　ヒープ

図 2.15　ヒープ

最後に，図 2.15 右は，図 2.15 中のときに出力を押した後の状態です．先頭にあった 456 が取り出されています．この状態でもヒープ条件が満たされています．

ヒープを作成することを考えます．ここでは，ヒープの実装に完全二分木を使います．特に，リスト 2.2 で説明した配列を用いる方法を使います．ただし，ここでは，配列の大きさを 1 だけ大きくとり，先頭を番兵として使います．図 2.14 右を実現すると，リスト 2.10 となります．

リスト 2.10　ヒープの配列による実現

```
1  var store = new Array(Number.MAX_SAFE_INTEGER, 25, 18, 24, 10, 7, 20, 0, 1);
```

要素は，store[1] から store[8] に入っています．store[0] にはその処理系で使える最大の整数値を入れておきます．この時，i 番目の要素の親は，i/2 番目の要素で，子供は 2*i 番目と 2*i+1 番目の要素です．

ヒープの構造ができている時に，新しい要素を挿入する方法を考えていきます．もし，該

2.4 ヒープ

当する場所を探し，新しい要素を入れるために，他の要素を動かすと，ヒープに含まれる個数に応じた時間が必要になってしまいます．ここでは，完全二分木であることを保つために，配列の要素が入っていない一番小さな場所に要素を代入すると単位時間で，代入が終わります．しかし，この場所に新しい要素があると，ヒープ条件を壊してしまうことがあります．そこで，新しい要素と親を比較し，ヒープ条件が満たされているかを調べます．もし，満たされていないとき，つまり親の値が自身の値よりも小さいときは，親と自身の値を交換します．さらに，その親とも比較をおこない，自身が入るべき場所を順に探していきます．

この操作をしたとき，自身とその親に関して，ヒープ条件が満たされることはわかったでしょうか．それ以外の要素には影響はないのかを考えましょう．今，自身の値を v，親の値を v_{parent}，もう一つの子供の値を v_{child} とします．元々，ヒープ条件が満たされていたため，$v_{parent} \geq v_{child}$ が成り立ちます．$v > v_{parent}$ のときに，値が交換されます．そのため，$v > v_{parent} \geq v_{child}$ となりヒープ条件が満たされます．

以上をまとめると，アルゴリズム 12 が得られます．

アルゴリズム 12 ヒープへの挿入

入力: `num`: 入力する値;
入力: `size`: 現在持っている要素数;
入力: `store[]`: 配列 (完全二分木を表現);
1: `size` を 1 増やす;
2: `store[size]` に `num` を代入;
3: `index` に `size` を代入;
4: **while** (`store[index/2]`<`num`)
5:     `store[index]` に `store[index/2]` を代入;
6:     `index` を半分にする;
7: `store[index]` に `num` を代入;

[練習] アルゴリズム 12 に従い，リスト 2.10 に 15 を入力すると，配列がどう変わるかを考えましょう．また，その時の二分木がどうなっているかも書いてみましょう．

次は，要素の削除を考えます．削除できる要素は，配列の先頭要素だけとします．この要素は，ヒープに含まれる要素の中で最大の値を持っています．さて，この要素を取り出すと，ヒープを再構成する必要があります．このとき，子供の要素のうちで，大きい要素を上にあげていくと，配列の中に空きができる可能性があります．そこで，最後の要素を先頭に持ってきます．そして，入るべき場所まで，ヒープの中を下っていくことを考えます．それまでいた場所が空かないように，子供のうち大きい要素を上にあげていきます．以上をまとめると，アルゴリズム 13 となります．

[練習] アルゴリズム 13 に従い，リスト 2.10 からデータを取り除くと，配列がどう変わるかを考えましょう．また，その時の二分木がどうなっているかも書いてみましょう．

アルゴリズム 13 ヒープからの削除

入力: `size`: 現在持っている要素数;
入力: `store[]`: 配列 (完全二分木を表現);

1: 変数 `ret` に `store[1]` を代入;
2: `store[1]` に `store[size]` を代入;
3: `size` を 1 減らす;
4: 変数 `mov` に `store[1]` を代入;
5: 変数 `index` に 1 を代入;
6: **while** (`index` が `size/2` より小さいか等しい)
7:     `child` に `index*2` を代入;
8:     **if** (`child` が `size` より小さく) かつ (`store[child]` が `store[child+1]` よりも小さい) **then**
9:         `child` を 1 増やす;
10:     **if** (`mov` が `store[child]` より大きいか等しい) **then**
11:         **while** を抜ける;
12:     `store[index]` に `store[child]` を代入;
13:     `index` に `child` を代入;
14: `store[index]` に `mov` を代入;
15: `ret` を返す;

解析

データを挿入するアルゴリズム 12 の計算量を考えます．1 行目から 3 行目まで，8 行目は，単位時間で終了します．要素数 `size` に依存するのは，`while` 文の中身です．最初，`index` は `size` です．新しい要素が入る場所が見つかるまで，`index` が半分になっていきます．この繰り返しは，最大で `index` が 0 となった時点で `while` 文が終了します．これは，`store[0]` の値に最大の値を入れているからです．つまり，終了するまでに `while` 文の中身が実行されるのは，最大で $\lceil \log_2(\text{size}) \rceil$ 回です．

データを削除するアルゴリズム 13 の計算量を考えます．1 行目から 5 行目，14 行目と 15 行目は，単位時間で終了します．`while` 文の中身が何度繰り返されるか考えます．`while` 文の条件は，`index` と `size/2` の比較です．`index` は最初 1 であり，1 度実行されると，2 倍になります．`size/2` を超えた時に，終わります．この回数も，最大で $\lceil \log_2(\text{size}) \rceil$ 回です．

以上から，次の定理が成り立ちます．

定理 5 n 要素のヒープにデータを入れる，要素を削除するのいずれも，$O(\log n)$ 時間で終了します．よって，n 要素のヒープの構築も，$O(n \log n)$ 時間で終了します．

実装

ヒープを実装したのが，リスト 2.11 です．

2.4 ヒープ

リスト 2.11　heap.js

```javascript
const Heap = {
    notfound: Number.MIN_SAFE_INTEGER,
    maxsize: STORE_MAX_SIZE,
    store: new Array(STORE_MAX_SIZE + 1).fill(0).map((v, i) => (i === 0 ? Number.
        MAX_SAFE_INTEGER : v)),
    size: 0,

    upheap(index) {
        const value = this.store[index];
        while (this.store[Math.floor(index / 2)] <= value) {
            this.store[index] = this.store[Math.floor(index / 2)];
            index = Math.floor(index / 2);
        }

        this.store[index] = value;
    },

    insert(num) {
        if (this.size < this.maxsize) {
            this.size++;
            this.store[this.size] = num;
            this.upheap(this.size);
            return true;
        } else {
            return false;
        }
    },

    downheap(index) {
        const ret = this.store[index];
        while (index <= Math.floor(this.size / 2)) {
            let child = 2 * index;
            if (child < this.size) {
                if (this.store[child] < this.store[child + 1]) {
                    child++;
                }
            }
            if (ret >= this.store[child]) break;
            this.store[index] = this.store[child];
            index = child;
        }
        this.store[index] = ret;
    },

    remove() {
        if (this.size > 0) {
            const ret = this.store[1];
            this.store[1] = this.store[this.size];
            this.size--;
            this.downheap(1);
            return ret;
        } else {
            return this.notfound;
        }
    },

    peek(num) {
        return num <= this.maxsize ? String(this.store[num]) : null;
    },
};
```

　リスト 2.11 では，まず，見つからなかったときの返り値 notfound，ヒープに保存できる最大の個数 maxsize，ヒープのデータを保持する store[]，現在保持されているデータ数 size を定義しています．store[] は，store[0] に最大の値を代入し，残りを 0 で初期化しています．

　アルゴリズム 12 では，1 個のメソッドとして説明しましたが，実装では insert と upheap に分けています．insert では，まずヒープにデータを入れることができるかどうかを調べます (18 行目)．入れられる場所があるときは，ヒープの最後にデータを追加し，uphead を呼び出します．upheap では，ヒープの中を最後の場所から上に上がっていくようになっています．このとき，先頭で必ず止まるように，store[0] に最大の値を入れています．入れられる場所がないときは，false を返して，終了になります．

データの削除も，remove と downheap に分けて実装しています．まず，remove の中で，削除するデータを用意します (46 行目)．データがあるときは先頭のデータを返すのですが，データがない時は返せませんので，notfound を返します (52 行目)．データがある場合は，最後にあったデータを先頭に動かし，そのデータの入る場所を downheap で探していきます．

downheap では，子ども child との比較をしながら，先頭のデータが入るべき場所を探しています．1 つしか子どもを持たない場合もあるので，32 行目で子供があるかどうを調べてから最終的に入る場所を決めています．

第3章

ハッシュ法

3.1 ハッシュの概念

　ハッシュと聞くと,皆さんは何を思い浮かべるでしょうか. SNS でのタグ付けに使われるハッシュタグでしょうか. ハッシュタグは,同じような情報をまとめるために使われています. 例えば, #algorithm と書くと,アルゴリズムに関する情報となります.

　本節で扱うハッシュとは,ハッシュタグの元となる概念で,キー (ハッシュタグに相当) から,そのキーを保存するための場所を決めて,保存する方法です. つまり,同じ場所に同じ情報を保存していくと,ハッシュタグのように同じキーに関する情報が蓄積できるようになります.

　データ構造としての ハッシュを説明します. ハッシュはデータを保存するためのハッシュ表とハッシュ表にデータを入れる insert, ハッシュ表のデータを探す search からなります. ハッシュ表からデータを削除する delete もありますが,煩雑になるため本書では扱いません.

　さて,キーからハッシュ表の場所を決める方法を考えていきましょう. 単純な方法は,ランダムに場所を決めることです. しかし,これでは,検索することも,同じものが同じ場所にあることも保証できません. そのため,キーを元に計算することで,保存する場所を決めることにします. つまり,この計算は,キーからハッシュの場所 (ハッシュ番地) を計算する関数 (ハッシュ関数と呼びます) になります.

用語説明:関数

関数は,あるものを入れると,それに対応するものを出してくるものです. 例えば,自動販売機を考えてみましょう. 自動販売機だと,ボタンを押すと,そのボタンに応じた商品が出てきます. コーヒーのボタンを押したのに,オレンジジュースが出てくることは, (故障でもない限り) ありません. 1 次関数 (直線) や 2 次関数 (放物線) でも同じように,入れたものに対して,出てくるものが決まります. ただし,入れるものは実数になり,出てくるものも実数です. 大切なのは,入れたものが同じであれば,同じものが必ず出てくることです.

ハッシュ関数の場合は,入れるものが文字列で,出てくるものが自然数となります.

　ハッシュ関数 h は自然数が出力となる関数で,次のように書きます.

$$h : U \to [0, m-1]$$

ここで, U はキーの集合で, m はキーを保存する配列 store(ハッシュ表を表します) の大きさです. この配列のハッシュ値の場所にデータを保存します. つまり, key を持つ data を保存するときには, 次のようにします.

```
store[h(key)] = data
```

ハッシュ関数を使って, 保存する場所を決めることは簡単です. しかし, キーが増えてくると, 配列の同じ場所にデータを保存しようとすることが起こります. つまり, 2 つのキーが違う ($x_1 \neq x_2$) ときに, $h(x_1) = h(x_2)$ となるときです. これを **衝突** (conflict) と呼び, x_1 と x_2 を**同義語**と呼びます.

ここで, "よい" ハッシュ関数について, 考えます. ハッシュ関数は対象となるキーがハッシュ表にあるかどうかを計算するためのものです. そのために, 次のことを満たすとよいハッシュ関数になります.

- 計算が早い.
- 衝突の発生が少ない.

前者は, ハッシュを用いてデータを保持/検索するには, 必要なことです. 後者も, 衝突が少なければ, その処理のための時間が減ります. ただし, どんな集合に対しても, よいハッシュ関数は存在しません. これは, ハッシュ関数 h を決めた後に, 次のような部分集合 S を考えることでわかります.

$$S \subset h^{-1}(i) = \{x \mid h(x) = i, x \in U\}$$

$h^{-1}(i)$ は, i 番目に登録されるキーの集合なので, その部分集合 S を選ぶと, どんなハッシュ関数であれ, 1 つの場所にデータが集中してしまいます. つまり, 衝突しか起こりません.

衝突が起こった際には, 何らかの処理をする必要があります. この処理の手間が小さい処理法がよい衝突処理法となります. もし, メモリが無限にあれば, 非常に大きな配列をとり, 空いている (はずの) 場所にキーを保存していけばよくなります[*1]. 逆に, 探索にいくらかかってもよい時は配列を逐次探索していけばよいことになります. 現実には, 無限のメモリもなければ, 探索時間の遅さも許されません. そのため, 探索時間と配列の大きさのバランスをうまく取る必要があります.

3.2 ハッシュ関数の設計

本節では, ハッシュ関数をどのように作ればよいのかを説明します. ハッシュに, 入力できるものとしては, 数値と文字列があります. ここでは, それらをまとめて扱うために, 入力はアスキーコード表に含まれる 128 文字の英数字からなる文字列に限定します.

文字列のキーを, 次のように数値に変換します.

1. 各文字を 0 から 127 の数値に変換します.
2. 文字列を 128 進数の数値として扱います.

[*1] データベースの分野で用いられる NoSQL の key-value Store はこの考え方に近い.

3.2 ハッシュ関数の設計

[例] 文字列 Data を数値に変換してみましょう．D,a,t,a を ASCII コードに変換すると，それぞれ 68, 97, 116, 97 (10 進数としての表記) となります．これを 128 進数と考えると

$$68 * 128^3 + 97 * 128^2 + 116 * 128^1 + 97 * 128^0 = 144210529$$

となります． □

> **用語説明：アスキーコード**
>
> アスキーコードは，計算機で文字を管理/保存するために作られた文字に対する番号です．もともとアメリカで作られたものですので，いくつかの特殊記号 (shift や delete など)，数字，アルファベット文字 (大文字，小文字) だけが含まれています．計算機の基本ソフトであるオペレーティングシステム (Operating System, OS) がアスキーコードをみて，画面にその文字を表示します．
>
> アスキーコードを使うと，英語は表現できますが，その他の言語は，表示することができません．そのため，アスキーコードに，それぞれの国の言語 (例えば，日本では日本語，ドイツではドイツ語) を表すコードと文字を追加した**文字コード**が考えられました．現在では，Unicode と呼ばれる全世界で使える文字コードが使われるようになってきています．

さて，キーを数値にした値を x とします．x に対するハッシュ関数を次のように決めます．

$$h(x) = x \bmod m.$$

この式は，ハッシュ値を x を m で割ったときの余り (**剰余**と呼びます) とします．この計算方法を**除算法**と呼びます．ただし，m はハッシュ表の大きさです．m は，基本的に 2 の冪[*2]に近くない素数とするのが良いと言われています．素数としたときは，全ての文字がハッシュ値に関わることになります．逆に，2 の冪としてしたときは，一部の文字だけでハッシュ値が決まります．

実際にここまでの方法を使い，ハッシュ値を計算することを考えます．単純に，文字列を数値に変換し，剰余を取ればよいと考えると，失敗することがあります．文字列が短い場合は問題がありませんが，文字列が長くなると，数値に変換したときに整数の上限を超えてしまう場合があります．そこで，1 文字ずつ順に計算していく**ホーナー法** (Horner's method) を説明します．

ホーナー法は式 (3.1) を元に計算する方法です．

$$(p * q + r) \bmod m = ((p \bmod m) * q + r) \bmod m \tag{3.1}$$

式 (3.1) の左辺がもともと計算したい値です．この値が大きくなりすぎると，整数型では計算ができなくなります．式 (3.1) を使うと，左辺の値は右辺で計算ができます．右辺は，p の部分が $p \bmod m$ となっており，m 未満の値になり，数値は小さくなっています．さらに，式 (3.1) を繰り返し使うこともできます．ホーナー法を使い，Data のハッシュ値を

[*2] 2^n (n は自然数) で表される数

計算してみましょう．

$$(68*128^3 + 97*128^2 + 116*128^1 + 97*128^0) \bmod m$$
$$=((68*128^2 + 97*128^1 + 116) \bmod m * 128 + 97) \bmod m$$
$$=((((68*128 + 97) \bmod m * 128 + 116) \bmod m * 128) + 97) \bmod m$$
$$=(((((68 \bmod m) * 128 + 97) \bmod m * 128 + 116) \bmod m * 128) + 97) \bmod m$$

式 (3.1) を 3 回使い，$q = 128$ としています．D のアスキーコードが 68 だったので，剰余をとります．得られた値に 128 を掛け，a のアスキーコード 97 を加え，剰余をとります．これを繰り返すと，元々の値が計算できることがわかります．

[練習] 上の式で，$m = 19$, $q = 128$ とし，ハッシュ値を計算してみましょう．また，違う文字列の値を代入し，ハッシュ値を計算してみましょう．$m = 17$ に変えるとすると，ハッシュ値はどうなるでしょうか．

用語説明：整数型の扱える範囲

数学としては，整数の最大値というものは存在しません．しかし，プログラミング言語では，処理系の都合で，整数型で扱える整数の範囲が決まっていることがあります．例えば，Java 言語では，int 型を使うことで，$-2^{31} = -2,147,483,648$ から $2^{31} - 1 = 2,147,483,647$ の整数が，Long 型を使うことで，$-2^{63} = -9,223,372,036,854,775,808$ から $2^{63} - 1 = 9,223,372,036,854,775,807$ の整数が扱えます．JavaScript では，正確に扱える整数は，$-(2^{53} - 1) = -9,007,199,254,740,991$ から $2^{53} - 1 = 9,007,199,254,740,991$ です．この数字を見ると，非常に大きいと思うかもしれませんが，文字を 128 進数として扱うと，$128^8 = 72,057,594,037,927,936$ となりますので，9 文字以上の英数字を直接数値にしようとすると，正しく計算できなくなります．つまり，何かの方法を使わないと 10 文字ある pomeranian のハッシュ値は正しく計算できているかどうかわかりません．

ホーナー法を使い，ハッシュ関数を実装すると，リスト 3.1 になります．

リスト 3.1 ハッシュ関数

```
 1    maxsize: 11,
 2    store: new Array(this.maxsize).fill(''),
 3
 4    hashFunc(str) {
 5        let h = str.charCodeAt(0) % this.maxsize;
 6
 7        for (let i = 1; i < str.length; i++) {
 8            h = (h * 128 + str.charCodeAt(i)) % this.maxsize;
 9        }
10        return h;
11    },
```

リスト 3.1 の hashFunc メソッドは，文字列を引数として，(整数値の) ハッシュ値を返す関数です．まず，返り値となる変数 h に文字列の最初の文字 (配列の 0 番目) を代入し，ハッシュ表の大きさ maxsize で剰余を計算しています．その上で，2 文字目から順次加えながら，剰余計算をおこなっています．ここで，式 (3.1) を利用しています．for 文が終わった後に，ハッシュ値 h を返します．

ハッシュ関数は決まりましたが，これだけではハッシュを使うことはできません．衝突

3.3 衝突の処理

時の処理を考える必要があります．衝突の処理は，大きく分けて，次の方法があります．

- リストの配列を用いる**分離連鎖法** (separate chaining)
- ハッシュを保持する配列の空いている場所を探す**線形探査法** (linear probing)
- 2 つのハッシュを用いる **2 重ハッシュ** (double hashing)

次節では，これらの方法をそれぞれ説明していきます．

3.3 衝突の処理

3.3.1 分離連鎖法

分離連鎖法 (separate chaining) は，衝突が起こっても，その場所にデータを保存するために，データを持つ配列の代わりに，リスト (1.3.3 節) の配列を使います．つまり，m 個の要素をもつリスト型の配列 heads[] を作り，ハッシュ関数で $h(key) \in [0, m-1]$ を計算すると，リスト heads[$h(key)$] にそのデータを追加します．

これをまとめると，アルゴリズム 14 になります．

アルゴリズム 14 分離連鎖法
入力: heads[]：m 要素のリストの配列
入力: key：保存するデータのキー
 1: key のハッシュ値を計算し，h に保存;
 2: リスト heahs[h] のリストにデータを追加;

図 3.1 は，m が 11 のときに，bulldog, corgi, dalmatian, dobermann, pomeranian, shiba, dachshund, collie, boxer, tosa, terrier, akita, pug, poodle をこの順番で入れたときのハッシュの中身です．buldog のハッシュ値は 6 なので，heads[6] に追加します．corgi のハッシュ値は 1 なので，heads[1] に追加します．dalmatian のハッシュ値も 1 なので，heads[1] に追加します．このとき，ハッシュ表に同じデータが含まれないようにするために，リストの中を探索し，そのデータがない場合に，最後尾に追加します．データを見つけた場合は，何もしません．整列済みリスト (1.3.4 節) を使う方法や先頭に入れる方法などもありますが，ここでは最後に入れることにしています．

[練習] dobermann, pomeranian, shiba などのハッシュ値を計算し，入っている場所が間違っていないかを確認しましょう．ただし，$m = 11$ とし，ハッシュ関数は，リスト 3.1 を使います．

分離連鎖法での探索を考えてみましょう．キーが与えられると，そのキーが含まれているリストは，決まります．そのため，そのリストを探すことで，データがあるかどうかは判定できます．これをまとめると，アルゴリズム 15 が得られます．

探索は，挿入とほぼ同じことをおこなっています．違うのは，リストにデータを入れるのか，探索をおこなうかの違いだけです．

[練習] アルゴリズム 15 を使い，図 3.1 のハッシュ表を探索してみましょう．例えば，terrier は見つかるでしょうか．akita はどうでしょうか．

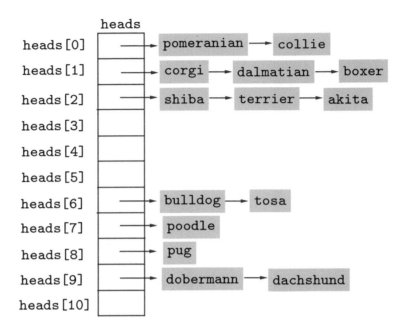

図 3.1　分離連鎖法によるハッシュ

アルゴリズム 15 分離連鎖法での探索

入力: `heads[]` : m 要素のリストの配列
入力: `key` : 探索するデータのキー
1: `key` のハッシュ値を計算し, h に保存;
2: リスト `heahs[`h`]` のリストで, `key` を持つデータを探索;

アルゴリズム 14 とアルゴリズム 15 の実装は省略します.

3.3.2 線形探索法

線形探査法 (linear probing) では, 衝突が起こったときに, 配列の空いている場所を順番に探し, 空きが見つかった時には, データを入れます. 空きがない時には, データが保存されないことになります[*3]. このような方法を**開放番地** (open address) と呼びます.

空いている場所を探す方法を考えましょう. もっとも簡単な方法は, 隣を調べることです. ハッシュ関数で計算された場所を i としましょう. まず, `store[`i`]` が空いているかを調べます. 空いていれば, `store[`i`]` にデータを保存します. 空いていないときは, $i+1$ 番目を調べます. 空いていれば, ここに入れ, 空いていない時はさらに隣 ($i+2$ 番目) を調べることを繰り返します. この方法を**線形探査法**と呼びます.

図 3.2 左は, m が 11 のときに, 線形探査法で `bulldog, corgi, dalmatian, dobermann, pomeranian, shiba, dachshund, collie, boxer, tosa, terrier, akita, pug, poodle`

[*3] プログラミング言語に仕様として含まれるハッシュの場合は, 空きが無くなると, 保存用の配列を大きくして, ハッシュを作り直します. このことをリハッシュと呼びます. リハッシュは自動的におこなわれます.

3.3 衝突の処理

をこの順番で入れたときのハッシュの中身です．図 3.1 を見ると，$h(\text{bulldog}) = 6$ だったので，store[6] に入っています．次の corgi は store[1] に入っています．$h(\text{dalmatian}) = 1$ ですが dalmatian は store[2] に入っています．store[1] には，corgi が入っているため，空いている隣にデータを入れたのです．これを繰り返していくと，図 3.2 左のハッシュ表が得られます．ただし，配列 store[] の大きさは 11 なので，akita 以降の要素は保存されていません．

[練習] ハッシュ表の大きさを 11 として，bulldog, corgi, dalmatian が入っているとき，dobermann 以降の要素を順に入れていき，図 3.2 左になることを確かめなさい．また，dalmatian から要素を入れ始めると，どういうハッシュ表になるかを考えてください（図 3.2 右）．

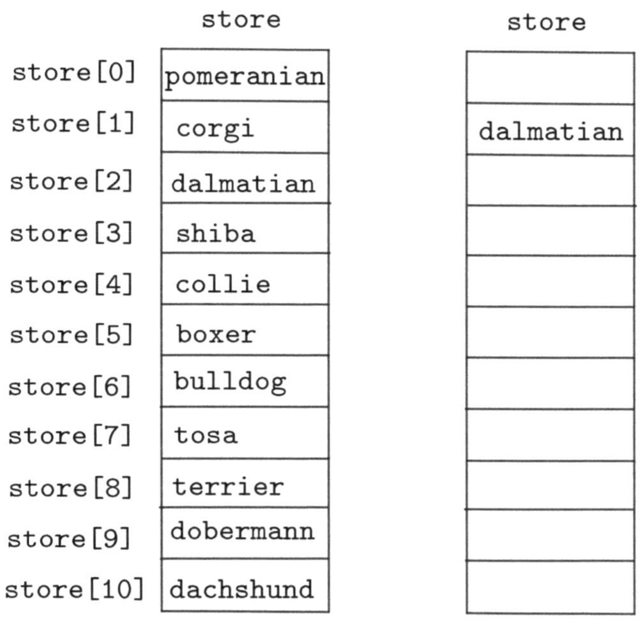

	store		store
store[0]	pomeranian		
store[1]	corgi		dalmatian
store[2]	dalmatian		
store[3]	shiba		
store[4]	collie		
store[5]	boxer		
store[6]	bulldog		
store[7]	tosa		
store[8]	terrier		
store[9]	dobermann		
store[10]	dachshund		

図 3.2 線形探査法によるハッシュ

線形探査法は，隣を調べなければいけないということはありません．いくつか先の場所を調べることもできます．一般的な方法として，次のような**探査列**を考えます．

$$h(x, i) = (h(x) + i \cdot s) \bmod m, \quad (i = 0, 1, \ldots, m-1).$$

ただし，$h(x)$ は元々のハッシュ関数であり，s は配列の中で，いくつ隣を見るかを表しています．探査列は，$i = 0$ のとき，元々のハッシュ関数の値となります．その値が表す場所が既に使われているとき，次は $i = 1$ の場合は，$h(x) + s$ の場所を調べます．次に，$h(x) + 2s$ の場所を，と順に確認していきます．空いている場所をみつけると，そこにデータを保存します．もし，元の場所（$h(x)$）に戻ってきたときは，入れる場所がないということで，保存できないということになります．以上をアルゴリズムにまとめると，アルゴリズム 16 になります．

アルゴリズム 16 線形探査法

入力: store[] : m 要素の配列
入力: key : 保存するデータのキー
入力: s : m 以下の自然数, m と互いに素

1: key のハッシュ値を計算し, h に保存;
2: **while** (store[h] に値があり, store[h] が key でない)
3:     $h \leftarrow (h + s) \bmod m$;
4:     **if** (h が最初のハッシュ値) **then**
5:         **while** の繰り返しを中断;   // ハッシュ表にデータが入れられない
6: **if** (store[h] が空) **then**
7:     store[h] にデータを保存;

m が素数のときは問題ありませんが, 合成数のときは s を決めるときに注意が必要です. 例えば, $m = 14$, $s = 2$ とします. 今, 偶数番目の場所には全て値が入っているが, 奇数番目の場所には空きがある状態を考えましょう. ここで, $h(x) = 4$ となったとき, 探査列は, 偶数番目のところを順番に調べていき, 実際は空き (奇数番目の場所) があるのに, データを入れる場所がないと判断してしまいます. 少なくとも, s は m と互いに素[*4]である自然数を選ぶ必要があります.

[練習] $m = 11$, $h(x) = 2$, $s = 3$ のとき, 探査列 $h(x, i)$ ($i = 0, \ldots, m - 1$) を計算してみましょう. また, $m = 12$ のとき, どのような s であれば, 配列の要素を全て調べられるのか, 考えてみましょう.

線形探査法でのデータの探索は, アルゴリズム 16 とほぼ同じです. 1 行目から 5 行目は同じことをおこないます. 6 行目で, **if** 文の条件を, "store[h] が key である" とし, 7 行目を "データが見つかった" とします. **if** 文の条件を満たさないときは, "データが見つからなかった" となります.

リスト 3.2 は, 線形探査法の実装です.

リスト 3.2 線形探査法

```
const Hash = {
    maxsize: 11,
    store: new Array(this.maxsize).fill(''),
    hashFunc(str) {
        （省略）
    },

    insert(str, skip) {
        let index = this.hashFunc(str);

        while (this.store[index] !== '') {
            index = (index + skip) % this.maxsize;
        }

        if (this.store[index] === '' || index !== hashFunc(str)) {
            this.store[index] = str;
            return true;
        } else {
            return false;
        }
    },
```

[*4] s と m の公約数が 1 だけであるとき, 互いに素 (そ) と言います. 片方が素数であれば, どんな自然数を持ってきても, 互いに素となります.

```
22  };
```

hashFunc はリスト 3.1 で説明しました．insert は，基本的に，アルゴリズム 16 をそのまま実装しています．返り値として，挿入が成功したかどうかで，真理値を返しています．

図 3.3 は，ハッシュアプリの動作です．

図 3.3　ハッシュアプリの動作

図 3.3 左は，bulldog を入力したところです．上のハッシュ値が 6 となっているので，6 番目に入力されています．図 3.3 中は，続いて，corgi, dalmatian を入力したところです．dalmatian のハッシュ値は 1 ですが，既に corgi が 1 番目に入っていますので，スキップ分 (1) だけ増加した 2 番目に入っています．

図 3.3 右は，11 個の場所に全てデータが入り，これ以上入力できない状態です．

3.3.3　2 重ハッシュ法

線形探索で同じハッシュ値が多く出てくる場合を考えてみましょう．このとき，あるハッシュ値から始まって，ハッシュ表を見ていく順は，全く同じです．同じハッシュ値が多くなればなるほど，探査列が長くなっていきます．そのため，キーから 2 つのハッシュ値を計算し，同じ探査列とならないようにする手法を **2 重ハッシュ** (double hashing) と呼びます．

2 重ハッシュを作るには，次の探査列を使います．

$$h(x,i) = (h(x) + i \cdot g(x)) \bmod m, \quad (i = 0, 1, \ldots, m-1).$$

ただし，$h(x), g(x)$ はそれぞれハッシュ関数です．線形探索法でも，増加させる値 s には制約がありました．同じことが $g(x)$ にも必要になります．

(条件) $g(x)$ は，1 から u までの整数値を返します．ただし，どの値も m と互いに素です．

互いに素にするもっとも単純な方法は，m を素数にし，u を m より小さい自然数にするこ

とです．例えば，m が素数であれば，

$$g(x) = 8 - (x \bmod 8)$$

とすると，文字列の最後の 3 ビットを使い，1 から 8 までの数字を返す簡単なハッシュ関数ができます．

ハッシュ表 ($m = 11$) に bulldog, corgi, dalmatian, dobermann, pomeranian, shiba, dachshund, collie, boxer, tosa, terrier, akita, pug, poodle を入れることを考えましょう．

線形探査法のときと同様に，$h(\text{bulldog}) = 6$ なので store[6] に，$h(\text{corgi}) = 1$ なので store[1] に入ります．$h(\text{dalmatian}) = 1$ であり，$g(\text{dalmatian}) = 2$ なので，dalmatian は store[3] に入ります．次に，ハッシュ値が 1 になるのは，dachshund ですが，$g(\text{dachshund}) = 4$ なので，store[5], store[9] と見ることになります．

このように，同じハッシュ値でも，$g(x)$ を使うことで，違った探査列になっていきます．アルゴリズムは，線形探査法 (アルゴリズム 16) とほぼ同じで，3 行目で s が加えられているところを，$g(x)$ とするだけです．

[練習] 2 重ハッシュ法を用いて，bulldog, corgi, dalmatian, dobermann, pomeranian, shiba, dachshund, collie のハッシュ表を作りましょう．

3.3.4 解析

ここでは，ハッシュの探索について解析をおこないます．

分離連鎖法

まず，分離連鎖法について説明します．アルゴリズム 15 でおこなっていることは，リストを決めることとリストを探索することです．今，ハッシュ関数が一様ハッシュ関数であると仮定します．ハッシュ関数が**一様**であるとは，キーが m 個の場所のいずれにも同じ確率で入るときです．つまり，次の関係が成り立つときです．

$$\sum_{h(\text{key})=i} P(\text{key}) = \frac{1}{m}$$

ただし，$P(\text{key})$ は，キーの集合 U からキー key が取り出される確率で，m はハッシュ表の大きさです．ハッシュ関数が一様であると，i に依らず平均として同じ数のデータが入ることになります．

n 個のデータのキーを m 個のリストに分けて，ハッシュに入れるとき，一様ハッシュであれば，リストの長さの平均が n/m になります．今，$\alpha = n/m$ とします．α を使うと，不成功探索と成功探索の平均の比較回数は次のように書けます．

定理 6 一様ハッシュ関数を用いた分離連鎖法の不成功探索と成功探索の平均比較回数は，それぞれ

$$1 + \alpha \quad (\text{不成功探索}), \quad 1 + \frac{\alpha}{2} \quad (\text{成功探索})$$

となります．ただし，$\alpha = n/m$ で，n はデータ数，m はハッシュ表の大きさです．

3.3 衝突の処理

証明：
リストの平均の長さが α であるため，探索は α 回の比較をおこない不成功となります．ハッシュ関数を使い，探索するリストを決める計算を含めると，比較の回数は $1+\alpha$ となります．

次に，n 個のデータがあるときの成功探索の比較の平均回数を C_n とします．成功探索は，そのキーが入れられたときと同じだけの比較をして，見つけることができます．i 番目に入力されたとすると，$i-1$ 個のデータが含まれるため，リストの平均長は $(i-1)/m$ となります．どの順番で入るかはわからないので，平均をとった値が C_n になります．よって，次式が成り立ちます．

$$C_n = \frac{1}{n}\sum_{i=1}^{n}\left(1+\frac{i-1}{m}\right) = 1 + \frac{1}{nm}\sum_{i=1}^{n}(i-1)$$
$$= 1 + \frac{n}{2m} - \frac{1}{2m} \approx 1 + \frac{\alpha}{2}$$

□

一様探査列ハッシュ

一般の線形探索法の解析をするのは，大変難しいのでここでは，一様探査列の場合について示します．各キー x の探査列を $h(x,0), h(x,1), \ldots, h(x,m-1)$ として，$m!$ 通りの順列がいずれも等確率で現れるハッシュを**一様探査列ハッシュ**といいます．一様探査列ハッシュのときの平均比較回数について，計算していきましょう．

まず，i 回以上の探査で不成功となる確率 $P_{\{\geq i\}}$ を考えます．$P_{\{\geq i\}}$ の状態は，$h(x,0), h(x,1), \ldots, h(x,i-2)$ はすでに使われているときです．よって，それぞれの確率を掛けると，次式が得られます．

$$P_{\{\geq i\}} = \frac{n}{m} \cdot \frac{n-1}{m-1} \cdots \frac{n-(i-2)}{m-(i-2)} \leq \left(\frac{n}{m}\right)^{i-1} = \alpha^{i-1}$$

それぞれの確率は n/m よりも小さいため，$P_{\{\geq i\}} \leq \alpha^{i-1}$ となります．

ちょうど i 回で不成功探索となる確率を P_i とすると，$P_i = P_{\{\geq i\}} - P_{\{\geq i+1\}}$ という関係が成り立ちます．これは，i 回以上の不成功探索の確率から $i+1$ 回以上の不成功探索の確率を引くと，残りがちょうど i 回の不成功探索 P_i になることを示しています．これを使うと，不成功探索のときの平均探索回数 $C'_n = \sum i \cdot P_i$ は次式のように書けます．

$$C'_n = \sum_{i=1}^{n+1} iP_i = \sum_{i=1}^{n+1} i \cdot (P_{\{\geq i\}} - P_{\{\geq i+1\}}) = \sum_{i=1}^{n+1} P_{\{\geq i\}}$$
$$\leq \sum_{i=1}^{n+1} \alpha^{i-1} = \sum_{i=0}^{n} \alpha^i = 1 + \alpha + \cdots + \alpha^n \leq \frac{1}{1-\alpha}\left(=\frac{m}{m-n}\right).$$

最後に，成功探索のときの平均比較回数 C_n を計算しましょう．C_n は，C'_i の平均になる

ので，次の式で計算できます．

$$C_n = \frac{1}{n}\sum_{i=0}^{n-1} C_i' \qquad \leq \frac{1}{n}\sum_{i=0}^{n-1}\frac{m}{m-i}$$
$$= \frac{m}{n}(H_m - H_{m-n}) \leq \frac{m}{n}\log\frac{m}{m-n}$$
$$= \frac{1}{\alpha}\log\frac{1}{1-\alpha}$$

ただし，H_n は調和数です．

よって，次の定理が成り立ちます．

定理 7 一様探査列ハッシュの不成功探索と成功探索の比較回数は，それぞれ

$$\frac{1}{1-\alpha} \ （不成功探索），\ \frac{1}{\alpha}\log\frac{1}{1-\alpha} \ （成功探索） \tag{3.2}$$

となります．ただし，$\alpha = n/m$ で，n はデータ数，m はハッシュ表の大きさです．

独立な 2 つのハッシュを使った二重ハッシュは，一様探査列ハッシュと同じ不成功確率と成功確率になることが知られています．

一般の線形探査列の探索コストは，次になることが知られています．

定理 8 線形探査法の不成功探索と成功探索の比較回数は，それぞれ

$$\frac{1}{2}\left(1 + \frac{1}{(1-\alpha)^2}\right) \ （不成功探索），\ \frac{1}{2}\left(1 + \frac{1}{1-\alpha}\right) \ （成功探索） \tag{3.3}$$

となります．ただし，$\alpha = n/m$ で，n はデータ数，m はハッシュ表の大きさです．

3.3.5 手法の比較

本節では，ここまで説明してきた分離連鎖法，線形探査法と 2 重ハッシュの違いについて考えていきましょう．

分離連鎖法は，もともと n 個のデータを m 個の場所に分けています．最悪の場合は，探索するデータ数が n に近くなることがありますが，定理 6 から，それぞれのリストを探す手間 $\alpha = n/m$ 程度で不成功探索も終わります．実際に分離連鎖法を使うときには，α の値に注意しておく必要があります．データ数が少ないときは，基本的に α は小さいので特に問題はありません．もともと m は，配列の要素数なので，この値は極端に大きくはできません．保持したいデータの数 n は段々と増加していきますので，α はだんだんと大きくなっていきますが，その増加は基本的に α に比例しています．そのため，データ数がまだわかっておらず，記憶領域が十分使えるときには，分離連鎖法がよいことになります．もし，長さ n に比例する長さのリストができてくると，探索時間が $O(n)$ になります．n に比例するような長いリストができるようなら，ハッシュ関数を変え，リハッシュをおこなう方が良いでしょう．

次に 2 重ハッシュと線形探査法を比べてみましょう．式 (3.2) と式 (3.3) の不成功探索をみてみましょう．この α はハッシュ表の占有率なので，$0 \leq \alpha \leq 1$ の値しかとりません．実際に計算をしてみると，$\alpha = 0.5$ のとき，それぞれ $2.0, 2.5$ であり，$\alpha = 0.8$ のとき，それぞれ $5.0, 13.0$ となります．さらに α の値が 1 に近づいていくと，値は無限に大きくなって

3.3 衝突の処理

いきます．ハッシュ表を 5 回探して見つからないのは，それぞれ α が 0.8, 0.67 のときです．つまり，この値を超えてくると，ハッシュをもう一度作り直す操作をする方がよいことになります．

また，式 (3.2) と式 (3.3) の成功探索の場合は，$\alpha = 0.5$ のとき，それぞれ $1.4, 1.5$ であり，$\alpha = 0.8$ のとき，それぞれ $2.0, 3.0$ となります．この場合も，α が 1 に近づくと，値は無限に大きくなっていきます．

式 (3.2) と式 (3.3) がわかっていることで，失敗回数か成功回数を決めれば，それを満たす占有率 α がわかります．そして，α がわかっていれば，データ数が αm になってくると，リハッシュすればよいことになります．また逆にデータ数がわかっていれば，要求に応じて，ハッシュ表のサイズ m を決めることもできます．

[練習] 式 (3.2) と式 (3.3) を使い，表 3.1, 表 3.2 を埋めなさい．

表 3.1 不成功探索の回数

α の値	0.1	0.2	0.3	0.4	0.5	0.6	0.7	0.8	0.9
線形探査法					2.5			13.0	
2 重ハッシュ					2.0			5.0	

表 3.2 成功探索の回数

α の値	0.1	0.2	0.3	0.4	0.5	0.6	0.7	0.8	0.9
線形探査法					1.5			3.0	
2 重ハッシュ					1.4			2.0	

問題

1. n, m, i が自然数で，$n > m > i$ のとき，$\frac{n}{m} > \frac{n-i}{m-i}$ であることを示しなさい．
2. 線形探査法を使い，bulldog, corgi, dalmatian, dobermann, pomeranian, shiba, dachshund, collie のハッシュ表を作りましょう．このハッシュ表に含まれているデータを探索し，探索コストの平均を計算してください．さらに，boxer, tosa を追加したときの平均コストを計算してください．
3. 2 重ハッシュ法の練習で作ったハッシュ表に対して，データを探索し，探索コストの平均を計算してください．さらに，boxer, tosa を追加したときの平均コストを計算してください．

第 4 章

ソート

この章では，ソートのアルゴリズム，つまりデータを並べ替えるアルゴリズムについて学びます．ソートはものを並べ替えるという基本的な操作であるだけでなく，様々なアルゴリズムがある題材です．しかも，そのアルゴリズムによって，ソートが終わるまでの計算量が変わります．ここでは，**選択ソート**，**挿入ソート**，**バブルソート**，**クイックソート**，**マージソート**を順に説明します．

4.1 選択ソート

概要

1.2.2 節で選択ソートを紹介しました．ここで，もう一度アルゴリズムを載せ，説明していきます．

アルゴリズム 17 選択ソート (再掲)

入力: data[] : n 要素の配列
出力: data[] : ソート済み配列
1: **for** (i を 0 から $n-2$ まで増やす)
2:     min に i を代入;
3:     **for** (j を $i+1$ から $n-1$ まで増やす)
4:        **if** (data[j] が data[min] よりも小さい) **then**
5:           min に j を代入;
6:     tmp に data[min] を代入;   // tmp は置換のための変数
7:     data[min] に data[i] を代入;
8:     data[i] に tmp を代入;

選択ソートの基本的な考え方は，**考えている範囲で，もっとも小さなデータを先頭に動かす**ことです．最初の範囲は，全体です．アルゴリズム 17 を見ると，3 行目から 5 行目の for 文で，全体 ($i = 0$ とき) の中でもっとも小さなデータを持つ場所 min を探しています．これが見つかると，その場所の値と 0 番目のデータを交換 (6 行目から 8 行目) しています．次は，$i = 1$ となり，data[1] から data[$n-1$] までの範囲でもっとも小さな値を探すことになります．これを data[$n-2$] まで繰り返すことで，ソートができます．

[例] 図 4.1 は，配列に入っている 10 個の数字 22, 94, 2, 93, 93, 96, 88, 34, 25, 78 を選択ソー

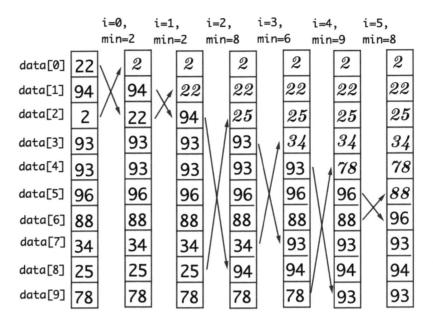

図 4.1 選択ソートの過程

トで並べ替えているところです.

アルゴリズム 17 に沿って説明をしていきます. $i = 0$ のときは, 図 4.1 の 1 列目の状態です. 最初は, data[0] と data[1] を比べますが, data[0] の方が小さいため, 何もしません. data[0] と data[2] を比べると, data[2] の方が小さいため, min に 2 を入れます. 順番に比較をしていき, $j = 9$ まで終わると, data[min] と data[0] の値を入れ替えます. これにより, 左から 2 列目の状態となります (図 4.1 では, ソートが済んだ場所を斜体で表現しています).

次に, $i = 1$ のときについて説明します. data[1] と data[2] を比べると, data[2] の方が小さいため, min に 2 を入れます. $j = 9$ まで終わると, min が 2 であることがわかるので, data[1] と data[2] を入れ替えます. これで 3 列目の状態になります.

以上を $i = 8$ までおこなうことで, 並べ替えが終了します. □

[練習] 図 4.1 の続きをアルゴリズム 17 に従っておこないましょう. このとき, 3 行目の比較の回数, 4 行目から 6 行目の交換の回数を数えていきましょう. また, 8, 15 を最後に加えたときの比較と交換の回数を数えてみましょう.

実装

プログラム 4.1 は, 選択ソートを実装したものです.

リスト 4.1 選択ソート

```
const Selection_Sort ={
    sort: function(dataset) {
        let tmp_dataset;
        let tmp_index;
        let max_index = dataset.length - 1;
        for(let i = 0; i < max_index; i++) {
            tmp_index = i;
```

4.1 選択ソート

```
            for(let j = i + 1; j <= max_index; j++) {
                if (dataset[j] < dataset[tmp_index]) {
                    tmp_index = j;
                }
            }

            if(tmp_index > i) {
                tmp_dataset = dataset[tmp_index];
                dataset[tmp_index] = dataset[i];
                dataset[i] = tmp_dataset;
            }
        }
    }
};
let dataset = [22,94,2,93,93,96,88,34,25,78];
Selection_Sort.sort(dataset);
```

プログラム 4.1 は，アプリで実行されているソースコードから画面表示，速度調整などを抜いたものです．プログラム 4.1 の動作は，アルゴリズム 17 とほぼ同じです．違う点は，14 行目の if 文です．tmp_index (アルゴリズムでは min) と i が同じときは，交換しなくてもよいので，tmp_index と i が違うときにのみ交換をおこないます．プログラムの最後に，ソートするデータ dataset と，Selection_Sort の使い方を付けています．

図 4.2 は，選択ソートアプリの実行画面です．

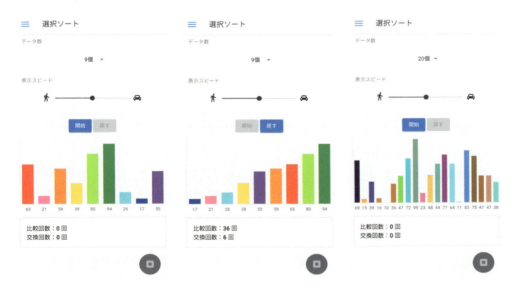

図 4.2 選択ソートアプリの動作

図 4.2 左は，アプリを立ち上げた画面です．真ん中の 開始 ボタンを押すと，ソートが始まります．図 4.2 中は，ソート終了後の画面です．並べ替えが終わったことが視覚的に理解できます．また，データ数を 5 個から 20 個 (図 4.2 右) まで，変更することができます．ソートの速度を変えることもできます．アルゴリズムの動作を見たい時は，スライドバーを左へ持っていくと，ソートがゆっくり進みます．逆に右へ持っていくと，ソートが早く進みます．一番下に，比較回数と交換回数が表示されています．

解析

データ数を n としたとき，選択ソートの比較回数は，$n(n-1)/2$ です．他の部分では，n に比例する操作しかおこなっていませんので，計算量は $O(n^2)$ 時間になります．

4.2 挿入ソート

概要

次に，挿入ソートについて説明します．挿入ソートの考え方は，**整列されているところに，新しく入ってきたものをちょうど良い場所に入れる**ということです．つまり，$a_0, a_1, \ldots, a_{i-1}$ までは整列しているときに，整列している状態を崩さないように，次の値 a_i を適切な場所に挿入します．データが 2 個の場合からはじめ，n 個目のデータを追加した時点でソートが終わります．

これをまとめると，アルゴリズム 18 になります．

アルゴリズム 18 挿入ソート

入力: data[] : n 要素の配列
出力: data[] : ソート済み配列
1: **for** (i を 1 から $n-1$ まで増やす)
2:     key に data[i] を代入;
3:     j に $i-1$ を代入;
4:     **while** ($j \geq 0$ かつ data[j] > key)
5:         data[$j+1$] に data[j] を代入;
6:         j を 1 だけ減らす;
7:     data[$j+1$] に key を代入;

---

2 行目から 7 行目の動作を考えてみましょう．今，data[i] を入れることにします．この時点では，data[0] から data[$i-1$] はソート済みです．変数 key に data[i] を保存しておきます．$j = i-1$ とし，data[j] と key(=data[i]) を比較します．data[j] が大きいときは，**while** 文に入り，data[$j+1$] に data[j] を入れます．これは，key の値が一つ手前の値と比べて，大きいかどうかを考えています．大きければ，data[j] を空けるために，data[j] の値を data[$j+1$] に入れています．これを繰り返すと，data[j] の値よりも，key が小さいか等しくなります．このとき，

$$\text{data}[j] \leq \text{key} < \text{data}[j+1]$$

となっているので，**while** 文を抜け，data[$j+1$] に key の値を入れます (7 行目)．以上を $i = 0$ から $n-1$ まで行うことで，ソートができます．

[例] 図 4.3 は，配列に入っている 10 個の数字 22, 94, 2, 93, 93, 96, 88, 34, 25, 78 を挿入ソートで並べ替えているところです．

$i = 1$ のとき，key には data[1] の値 94 が保存されています．j を 0 にし，**while** 文に入りますが，条件を満たさないため，何もせず，7 行目の代入をおこないます (図 4.3, 1 列目)．

$i = 2$ のとき，key は 2 になります．$j = 1$ として，**while** 文に入ります．data[1] < 2 なので，data[2] が 94 となります (図 4.3, 2 列目)．さらに j を 0 にして，data[1] が 22 となります．j が -1 となった時点で，**while** 文から抜け，data[0 = ($j+1$)] に 2 を入れます (図 4.3, 3 列目)．$i = 3$ 以降も同様にアルゴリズムが進んでいきます．

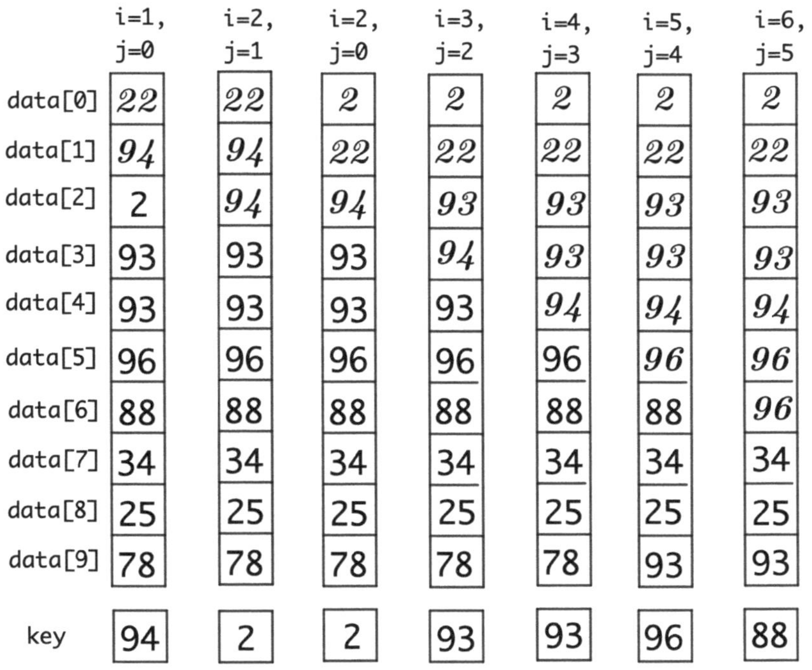

4.2 挿入ソート

	i=1, j=0	i=2, j=1	i=2, j=0	i=3, j=2	i=4, j=3	i=5, j=4	i=6, j=5
data[0]	22	22	2	2	2	2	2
data[1]	94	94	22	22	22	22	22
data[2]	2	94	94	93	93	93	93
data[3]	93	93	93	94	93	93	93
data[4]	93	93	93	93	94	94	94
data[5]	96	96	96	96	96	96	96
data[6]	88	88	88	88	88	88	96
data[7]	34	34	34	34	34	34	34
data[8]	25	25	25	25	25	25	25
data[9]	78	78	78	78	78	93	93
key	94	2	2	93	93	96	88

図 4.3 挿入ソートの過程

図 4.3 で斜体となっている部分は，その時点でソート済みになっている部分 (data[0] から data[i]) です．ただし，後から来る数字によっては，配列内の場所が変わることがあります．　□

[練習] 図 4.3 の続きをアルゴリズム 18 に従っておこないましょう．このとき，4 行目の比較の回数，2 行目，5 行目と 7 行目の代入の回数を数えていきましょう．また，データの最後に 8, 15 を加えたときの比較と代入の回数を数えてみましょう．

実装

プログラム 4.2 は，挿入ソートを実装したものです．

リスト 4.2 挿入ソート

```
const Insertion_Sort = {
    sort: function(dataset) {
        let tmp_dataset;
        let max_index = dataset.length - 1;
        let i, j
        for (i = 1; i <= max_index; i++) {
            tmp_dataset = dataset[i];
            for(j = i - 1; j >= 0; j--) {
                if(dataset[j] <= tmp_dataset) {
                    break;
                }
                dataset[j+1] = dataset[j];
            }
            dataset[j+1] = tmp_dataset;
        }
    }
};
let dataset = [22,94,2,93,93,96,88,34,25,78];
Insertion_Sort.sort(dataset);
```

アルゴリズム 18 とプログラム 4.2 は, ほぼ同じです. 違う点は, アルゴリズム 18 の while 文 (4 行目から 6 行目) が, プログラム 4.2 の for 文 (8 行目から 13 行目) になっているところです.

図 4.4 は, 挿入ソートアプリの実行画面です.

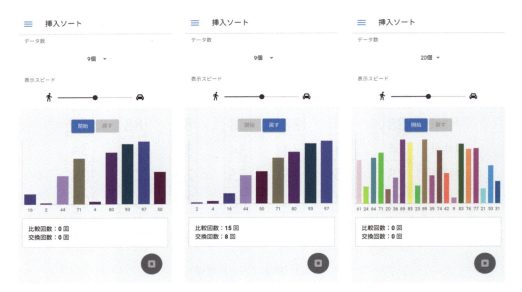

図 4.4　選択ソートアプリの動作

図 4.4 左は, アプリを立ち上げたときの画面です. 選択ソートと同じように, データ数の変更, 表示スピードの変更ができます. 開始 ボタンと 戻す ボタンの動作は選択ソートと同じです. 図 4.4 中は, 図 4.4 左のソートが終わった後の画面です. 図 4.4 右は, データ数を 20 個に増やしたときの画面です.

解析

アルゴリズム 18 の計算量を考えてみましょう. ある i のときの比較の回数は最悪 i 回で, 平均 $i/2$ 回です. これを i が 1 から $n-1$ までおこなうので, 次の式を考えれば良いことになります.

$$\sum_{i=1}^{n-1} i = \frac{n(n-1)}{2} \quad (最悪), \qquad \sum_{i=1}^{n-1} \frac{i}{2} = \frac{n(n-1)}{4} \quad (平均).$$

その他の部分は, n に比例する手続きしかおこなっていませんので, 計算量としては, $O(n^2)$ 時間となります.

4.3　バブルソート

概要

バブルソートは, **隣り合うデータを交換しながら並べ変える**方法です. いま, 配列にデータが入っているとします. 昇順にソートするとき, 隣り合うデータの左側が大きいときに

4.3 バブルソート

は,隣り合うデータを交換します.これを繰り返すことで,徐々にデータがソートされていきます.

まず,一番小さいデータを決めることを考えましょう.最後のデータと最後から2番目のデータを比べます.このとき,最後のデータが小さいときは,2つのデータを入れ替えます.これで,最後から2番目のデータの方が小さいことが保証されます.次に,最後から2番目のデータと,最後から3番目のデータを比べます.小さい方を最後から3番目に持ってきます.これにより,最後から3番目のデータは,以降のデータよりも小さいことになります.これを繰り返していくと,一番小さいデータが先頭に動いていくことになります.

再度,最後から比較をしていくと,2番目に小さいデータを決めることができます.また,最後から比較していくと,3番目に小さい値を決めることができます.順次繰り返して,最後の2つだけになると,もう一度比較をおこない,全てのデータが並べ替えられることになります.

以上をアルゴリズムとして書くと,アルゴリズム19になります.

アルゴリズム 19 バブルソート

入力: data[]: n 要素の配列

出力: data[]: ソート済み配列

1: **for** (i を 0 から $n-2$ まで増やす)
2:    **for** (j を $n-1$ から $i+1$ まで減らす)
3:       **if** (data[j] < data[$j-1$]) **then**
4:          tmp に data[j] を代入;   // tmp は置換のための変数
5:          data[j] に data[$j-1$] を代入;
6:          data[$j-1$] に tmp を代入;

アルゴリズム19の動作を説明します.最初は $i=0$ のときです.$j=n-1$ から始まるので,data[$n-1$] と data[$n-2$] を比べることになります.3行目の条件が満たされるとき,つまり,data[$n-1$] < data[$n-2$] のときは,2つの値を入れ替えます.これで,data[$n-2$] が data[$n-1$] より小さいことになります.次は,data[$n-2$] と data[$n-3$] を比べます.このときも,比較して data[$n-2$] が小さいときは,前に持っていきます.これで,data[$n-3$] が data[$n-2$], data[$n-1$] より小さいことになります.これを繰り返していき,data[0] と data[1] を比較し,必要があるときに交換すると,もっとも小さい値を data[0] に入れることができます.

次は $i=1$ のときなので,data[1] に入る値を探していきます.先ほどと同様に,data[$n-1$] と data[$n-2$] を比べます.ここでは,data[1] と data[2] までおこなうと2番目に小さい値が data[1] に入ることになります.同じことを $i=2,3,\ldots n-2$ でおこなうと,順番に小さな値が決まり,ソートが終了します.

[例] 図4.5は,配列に入っている10個の数字 $22, 94, 2, 93, 93, 96, 88, 34, 25, 78$ をバブルソートで並べ替えているところです.

最初は,$i=0$ です.$j=10-1=9$ から始まります (図4.5, 1列目).data[9] と data[8] を比べますが,data[9]= 78 > data[8]= 25 なので,何もしません.次に,data[8] と data[7] を比べます.data[8]= 25 < data[8]= 34 なので,2つの数字を入れ替えます (図4.5, 2列目).次に,data[7] と data[6] を比べ,入れ替えます (図4.5, 3列目).比較を

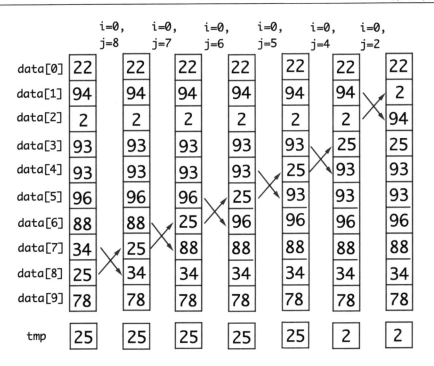

図 4.5 バブルソートの過程

繰り返していくと，data[8] にあった 25 は，data[3] に到達します (図 4.5, 6 列目). 次に，data[3] と data[2] を比べると，data[2]= 2 の方が小さいため，何もしません．次は，この 2 と比較をします．2 は，22 よりも小さいため，data[0] になります．次は，$i = 1$ となり，また後ろから比較を始めます． □

[練習] 図 4.5 の続きをアルゴリズム 19 に従っておこないましょう．このとき，3 行目の比較の回数，4 行目から 6 行目の交換の回数を数えていきましょう．また，データの最後に 8, 15 を加えたときの比較と交換の回数を数えてみましょう．

実装

プログラム 4.3 は，バブルソートを実装したものです．

リスト 4.3 バブルソート

```
const Bubble_Sort = {
    sort: function(dataset) {
        let tmp;
        let max_index = dataset.length - 1;
        for(let i = 1; i <= max_index; i++) {
            for(let j = max_index; j >= i; j--) {
                if(dataset[j] < dataset[j-1]) {
                    tmp = dataset[j];
                    dataset[j] = dataset[j-1];
                    dataset[j-1] = tmp;
                }
            }
        }
    }
};
let dataset = [22,94,2,93,93,96,88,34,25,78];
Bubble_Sort.sort(dataset);
```

4.4 クイックソート

プログラム 4.3 は，アルゴリズム 19 をそのまま実装しています．

図 4.6 は，バブルソートアプリの実行画面です．

図 4.6　バブルソートアプリの動作

図 4.6 左は，アプリを立ち上げたときの画面です．これまでのソートと同じように，データ数の変更，表示スピードの変更ができます．開始ボタンと戻すボタンの動作はこれまでのソートと同じです．図 4.6 中は，図 4.6 左のソートが終わった後の画面です．図 4.6 右は，データ数を 20 個に増やしたときの画面です．

解析

プログラム 4.3 の計算量を考えます．2 行目からの for 文は，$(n-1) - (i+1) + 1 = n-i-1$ 回繰り返します．そのため，比較は，$n-i-1$ 回おこなわれます．i は，0 から $n-2$ まで変わるため，比較の回数は次のようになります．

$$\sum_{i=0}^{n-2} n-i-1 = (n-1) + (n-2) + \cdots + 1 = \frac{1}{2}n(n-1)$$

代入は，条件が満たされたときのみ実行されます．最悪の場合は，比較の回数と同じだけおこなわれます．よって，計算量は，$O(n^2)$ 時間となります．

4.4　クイックソート

分割統治法

クイックソートの説明の前に，**分割統治法**を説明します．分割統治法は，問題をいくつかの小問題に分けます (**分割**)．次に，それぞれの小問題を解きます (**解決**)．そして，得られた解を一つにまとめます (**統合**)．ここでは，分割統治法で，最大値を求めることを考えてみましょう．

最大値を求めるために，データを半分に分けます．そして，分けられたデータの中で，最大値を求めます．2個の最大値のうち，大きい方が最大値となります．実際には，1度分割するだけでなく，それぞれの中で再度半分に分ける操作を繰り返します．データが1個か，2個になると，最大値は簡単にわかります．最大値がわかった時点で，比較をおこなうことになります．これをアルゴリズムで書くと，アルゴリズム 20 となります．

アルゴリズム 20 最大値の発見 (再帰)

入力: data[] : n 要素の配列
出力: max : 最大値

1: **function** FINDMAX(data[], left, right)
2:    **if** (left $\geq$ right) **then**
3:       **return** data[left];
4:    **else**
5:       mid $\leftarrow$ left $+ \lceil$(right$-$left)$/2\rceil$;
6:       lmax $\leftarrow$ FINDMAX(data, left, mid);
7:       rmax $\leftarrow$ FINDMAX(data, mid+1, right);
8:       **if** (lmax $>$ rmax) **then**
9:          max $\leftarrow$ lmax;
10:       **else**
11:          max $\leftarrow$ rmax;
12:    **return** max;

アルゴリズム 20 は，left 番目から right 番目までの中で最大の値を返す関数です．left と right が逆転したときは，探す範囲がないので，left 番目の値を返しています (3 行目)．そうでない時は，left $<$ right となっているので，left と right の真ん中になる mid を計算 (5 行目) し，left 番目から mid 番目と，mid+1 番目から right 番目までを FINDMAX で処理しています．この 5 行目が**分割**です．そして，6 行目，7 行目で**解決**しています．最後に，lmax と rmax を比較して，大きい値を返しています．この部分が**統合**です．実際に，関数を使うときには，次のように書きます．

    FINDMAX(data, 0, data の大きさ -1)

メソッドの中でメソッド自身を呼び出すのは，再帰でした．分割統治法は，再帰を使い，簡単に書くことができます．

本節で扱うクイックソートと 4.5 節で扱うマージソートは，どちらも再帰として書くことができます．

クイックソートの概要

クイックソートについて説明していきます．クイックソートは，分割統治法ですので，**分割**, **解決**, **統合**があります．それぞれ次のようになります．

分割 配列 data[] の left 番目から right 番目の部分配列 (data[left:right] と書きます) を data[left:mid$-$1] と data[mid+1:right] に分けます．mid は分ける途中で計算

4.4 クイックソート

します．この時，data[left:mid−1] には data[mid] より小さいか等しい値だけが，data[mid+1:right] には data[mid] より大きいか等しい値だけが入るようにします．

解決 data[left:mid−1] と data[m+1:right] をそれぞれソートします．

統合 data[left:mid−1] と data[mid+1:right] はそれぞれソートされており，data[mid] との大小関係が成り立っていますので，統合でおこなうことはありません．

以上に基づき，クイックソートのアルゴリズムを書くと，アルゴリズム 21 になります．

アルゴリズム 21 クイックソート

入力: data[] : n 要素の配列
出力: data[] : ソート済み配列

1: **function** QUICKSORT(data[], left, right)
2:     **if** (left < right) **then**
3:         pivot ← data[right]; i ← left; j ← right−1;
4:         **while** (True)
5:             data[i] が pivot より大きくなるか等しくなるまで，i を増やす;
6:             data[j] が pivot より小さくなるか等しくなるまで，j を減らす;
7:             **if** ($i \geq j$) **then**
8:                 **while** 文を抜ける;
9:             data[i] と data[j] を交換;
10:         data[i] と data[right] を交換;
11:         QUICKSORT(data, left, $i − 1$);
12:         QUICKSORT(data, $i + 1$, right);

アルゴリズム 21 の 2 行目から 10 行目が分割です．11 行目，12 行目が解決です．それぞれの部分を図 4.7 を使い，説明していきます．

アルゴリズム 21 を，図 4.7 の 1 列目の配列 data に適用する時は，QUICKSORT(data, 0, 9) とします．最初は，left= 0, right= 9 であり，pivot は 78 となります．この pivot よりも小さな値を配列の前の方に，大きい値を後ろに移動させます．そのために，5 行目で pivot よりも大きいか，等しい値を探しています．ここでは，$i = 1$ の時に，94 が見つかります．次に，6 行目で pivot よりも小さいか，等しい値を探しています．ここでは，$j = 8$ の時に，25 が見つかります．そして，data[1] と data[8] を交換します（図 4.7, 2 列目）．

まだ，**while** 文が続きます．次は $i = 1, j = 8$ です．今度は，$i = 3$ で 93，$j = 7$ で 34 が見つかります．そこで，data[3] と data[7] を交換します（図 4.7, 3 列目）．

次は，$i = 4$ で 93，$j = 3$ で 34 が見つかります．しかし，$i \geq j$ となっていますので，8 行目で **for** 文を抜けることになります．この状態では，pivot よりも小さいか等しい値は全て data[4] よりも前に，pivot よりも大きいか等しい値は全て data[4] よりも後ろにあります．data[4] と data[9] を交換します．これにより，78 より小さいか等しい値は data[3] よりも前に，大きいか等しい値は data[5] よりも後ろにあることが確定します（図 4.7, 4 列目）．data[4]= 78 が確定しましたので，残りの data[0] から data[3] をソートするために，QUICKSORT(data, 0, 3) と QUICKSORT(data, 4, 9) を再帰的に実行することになります．

QUICKSORT(data, 0, 3) の動作をみていきましょう．pivot には，34 が入ります．このとき，$i = 0$ から始まりますが，data[0], data[1], data[2] はいずれも，34 よりも小さい値

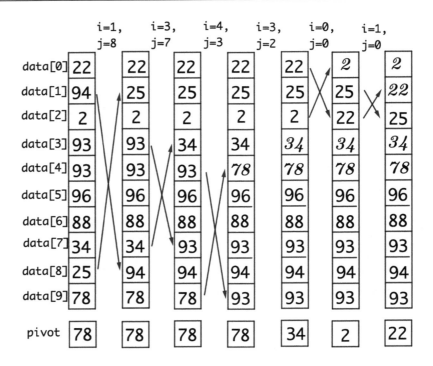

図 4.7 クイックソートの過程

です．そのため，$i = 3$ で止まります．一方で $j = 2$ のとき，data[2] で小さい値を見つけますので，7 行目の条件を満たし，while 文を抜けることになります．そして，data[3] と data[3] の値を交換します．これで，data[3] が確定します．次は QUICKSORT(data, 0, 2) と QUICKSORT(data, 4, 3) を実行することになります．

[練習] 図 4.7 のソートの続きをおこなってみましょう．その際，比較と交換の回数を数えてみましょう．また，データの最後に 8, 15 を加えたときの比較と交換の回数を数えてみましょう．

[練習] アルゴリズム 21 の 7 行目の条件が成り立ったときに，pivot よりも小さいか等しい値は data[i] よりも前にあり，pivot よりも大きいか等しい値は data[i] よりも後ろにあることを示してください．

実装

プログラム 4.4 は，クイックソートを実装したものです．

リスト 4.4　クイックソート

```
1   const Quick_Sort = {
2       sort: function(dataset) {
3           let compare_count = 0;
4           let swap_count = 0;
5           const quickSort = function (data, l, r) {
6               if (r > l) {
7                   const v = data[r];
8                   let i = l;
9                   let j = r-1;
10                  while(true) {
```

4.4 クイックソート

```
11                        while(data[i] < v) {
12                            i += 1;
13                        }
14                        while(data[j] > v) {
15                            j -= 1;
16                        }
17                        if (i >= j) break
18                        const tmp = data[i];
19                        data[i] = data[j];
20                        data[j]= tmp;
21                    }
22                    const tmp = data[i];
23                    data[i] = data[r];
24                    data[r] = tmp;
25                    quickSort(data, l, i - 1);
26                    quickSort(data, i + 1, r);
27                }
28            }
29            quickSort(dataset, 0, dataset.length - 1);
30        }
31 };
32 let dataset = [22,94,2,93,93,96,88,34,25,78];
33 Quick_Sort.sort(dataset);
```

リスト 4.4 は，アルゴリズム 21 をほぼそのまま実装しています．

図 4.8 は，クイックソートアプリの実行画面です．

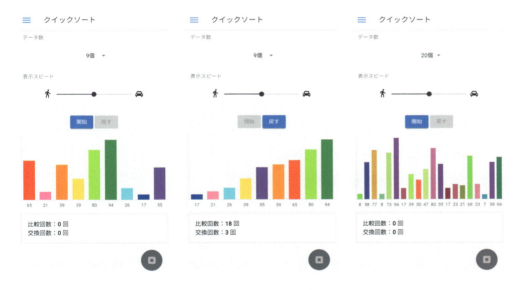

図 4.8 クイックソートアプリの動作

図 4.8 左は起動時の画面です．図 4.8 中は，図 4.8 左で 開始 ボタンを押し，ソートした結果の画面です．データ数は，20 個まで増やすことができます (図 4.8 右)．

解析

クイックソート (アルゴリズム 21) の計算量について説明していきましょう．まず，どの部分に時間がかかりそうなのかを考えてみます．アルゴリズムの中で，4 行目から 10 行目までの部分は，考えている範囲の配列を前と後ろから見ていき，適当なところで交換します．ここは，配列の部分の長さに比例した時間がかかります．時間が変わってくるとすると，再帰している 11 行目，12 行目です．ただし，再帰しているだけなので，変化する要素としては，考えている範囲，つまりその範囲に含まれるデータ数しかありません．

そこで, 1 つの問題を 2 個の小問題に分ける時, どういう分け方をすれば早く終わりそうか考えてみましょう. 全体で n 個のデータがあるとします. 場合としては, 次のいずれかになります. 小問題を $n-1$ 個と 1 個に分ける, 小問題を $n-2$ 個と 2 個に分ける, ..., 小問題を $\lfloor n/2 \rfloor$ 個と $\lceil n/2 \rceil$ 個に分ける.

用語説明：床関数, 天井関数

床関数 $\lfloor x \rfloor$ と 天井関数 $\lceil x \rceil$ について説明します. 床関数は, x 以下の最大の整数を表します (1 節でも出てきたガウス記号と同じです). 天井関数は, x 以上の最小の整数を表します.

少し例をみましょう.

- $\lfloor 5 \rfloor = 5, \lceil 5 \rceil = 5$.
- $\lfloor 5.3 \rfloor = 5, \lceil 5.3 \rceil = 6$.
- $\lfloor -2.5 \rfloor = -3, \lceil -2.5 \rceil = -2$.

$x = n/2$ (n は自然数) のときも考えてみましょう. $\lfloor 4/2 \rfloor = 2, \lceil 4/2 \rceil = 2$ であり, $\lfloor 5/2 \rfloor = 2, \lceil 5/2 \rceil = 3$ です. 一般に, $n = \lfloor n/2 \rfloor + \lceil n/2 \rceil$ (n は整数) が成り立ちます. 二等分をするときは, 床関数と天井関数を使うことで, 簡単に表すことが出来ます.

さて, どの分け方が良いでしょうか. 最終的に 1 個ずつに分けようとすると, どんな分け方をしても分ける総数は $n-1$ 回です.

次のように分け続けると, 全てのデータで 1 個になるまでに分けられる回数は, $\log_2 n$ 程度になります.

小問題を $\lfloor n/2 \rfloor$ 個と $\lceil n/2 \rceil$ 個に分ける

逆に, 次のように分けるとどうなるでしょうか.

小問題を 1 個と残りに分ける.

この分け方を繰り返すと, あるデータは 1 個になるまでに $(n-1)$ 回分けられます.

さて, 1 個と残りに分ける場合, 再帰のおこなわれる回数は, $(n-1)$ 回です. 一度再帰をするために, 配列の対象となっている長さの比較 (アルゴリズム 21, 4 行目から 10 行目) がおこなわれます. よって, 比較の回数は, 次の式で表されます.

$$(n+1) + n + \cdots + 2 = \sum_{i=1}^{n}(i+1) = \frac{1}{2}n^2 + \frac{3}{2}n.$$

つまり, 最悪計算量は, $O(n^2)$ 時間になります.

次は, 平均計算量についても, 考えてます. 今, n 個のデータが全て違うとし, pivot として等確率で選ばれるとします. このとき, 平均の比較回数 C_n は漸化式 (4.1) で表されます.

$$C_n = n + 1 + \frac{1}{n}\sum_{i=1}^{n}(C_{i-1} + C_{n-i}) \ (n \geq 2), \ C_0 = C_1 = 1. \tag{4.1}$$

前者は, 比較の回数であり, 後者は再帰したときの比較回数です. どのデータが pivot に選ばれるかは等確率であるため, n で割っています.

さて, この式を解きましょう. 式 (4.1) の右辺は, 同じ項が 2 回出てきます. そこで, 次

の形に変形できます．
$$C_n = n + 1 + \frac{2}{n}\sum_{i=1}^{n} C_{i-1}.$$

この式の両辺に n を掛けると，次式が得られます．
$$n \cdot C_n = n(n+1) + 2\sum_{i=1}^{n} C_{i-1}.$$

この式から，$n-1$ の場合の式を引くと次式になります．
$$n \cdot C_n - (n-1) \cdot C_{n-1} = n(n+1) - (n-1)n + 2C_{n-1} = 2n + 2C_{n-1}.$$

さらに，式を整理して，両辺を $n(n+1)$ で割ると式 (4.2) が得られます．
$$\frac{C_n}{n+1} - \frac{C_{n-1}}{n} = \frac{2}{n+1}. \tag{4.2}$$

よって，
$$\frac{C_n}{n+1} = \frac{C_{n-1}}{n} + \frac{2}{n+1} = \frac{C_{n-2}}{n-1} + \frac{2}{n} + \frac{2}{n+1} = \frac{C_0}{1} + \sum_{i=1}^{n} \frac{2}{i+1}$$

となります．右辺は，調和数の計算なので，次のように計算できます．
$$\frac{C_n}{n+1} = -1 + 2\sum_{i=1}^{n+1} \frac{1}{i} = -1 + 2\log_e(n+1) \sim 2\log_e n.$$

すなわち，比較の回数 C_n は，$(n+1)\log_e n$ となります．よって，平均計算量は，$O(n \log n)$ になります．

[注意] 漸化式 (4.2) は，式 (2.7) と同じ形の式なので，同じ値になります．

クイックソートの最悪計算量は $O(n^2)$ 時間ですが，実用上はかなり早いソートのアルゴリズムです．最悪の状態が起きないように，pivot の選択を工夫をすることもできます．

- pivot の候補を 3 個選び，真ん中の値を pivot にする．
- pivot として，そのデータの中央値を上手に選ぶ．

特に前者は，実装も簡単で，効果の見込める方法です．後者も有効ではありますが，中央値選ぶことが線形時間以下にならないと，全体の計算量の改善になりません．これ以外にもデータの大きさが小さくなると，選択ソートを使う，再帰を使わずにプログラムするなどの方法もあります．

4.5　マージソート

概要

次はマージソートについて説明します．マージソートも，分割統治法なので，**分割**, **解決**, **統合**があります．今，配列 data[] の i 番目から j 番目までの部分配列を data[$i:j$] と書くことにします．

分割　data[left:right] を半分に分けます．mid= $\lfloor$(left+right)/2$\rfloor$ として，2 つの配列 data[left:mid] と data[mid+1:right] と考えると，半分の大きさになります．

解決 data[left:mid] と data[mid+1:right] をそれぞれソートします.

統合 data[left:mid] の先頭と data[mid+1:right] の先頭を比べ, 小さい方を data[left] に移動します. そして, 先頭に動かした部分配列は, 次の値を考えます. この次の値とまだ動いていない値を比較して, data[left+1] を決めます. これを data[right] が決まるまで, 繰り返します.

クイックソートの場合は, 分ける値 pivot を決め, pivot の値に応じて, 配列を分けました. そのため, それぞれの部分に pivot 以下の値と pivot 以上の値だけが含まれ, 統合では何もしませんでした. マージソートでは, ほぼ同じ大きさの 2 個の配列に分けています. これにより最悪計算量が小さくなります. また, 2 個の配列を順にみていき, ソート済み配列にしていくという統合が必要となります.

結合部分は, 1 つの配列だけを使うこともできますが, ここでは別の配列 copyLeft, copyRight を使うアルゴリズムを説明します. さて, この 3 つの部分を元に, マージソートのアルゴリズムを書いてみましょう.

アルゴリズム 22 マージソート

入力: data[] : n 要素の配列

出力: data[] : ソート済み配列

1: **function** MERGESORT(data[], left, right)
2:     **if** (left < right) **then**
3:         mid ← left + $\lfloor$(right − left)/2$\rfloor$;
4:         MERGESORT(data, left, mid);
5:         MERGESORT(data, mid+1, right);
6:         data[left:mid] を配列 copyL にコピーし, 最後に max を追加;
7:         data[mid:right] を配列 copyR にコピーし, 最後に max を追加;
8:         // max は最大の数値
9:         $i \leftarrow 0; j \leftarrow 0$;
10:        **for** (k を left から right まで増やす)
11:            **if** (copyLeft[i] < copyRight[j]) **then**
12:               data[k] ← copyLeft[i]; i を 1 増やす;
13:            **else**
14:               data[k] ← copyRight[j]; j を 1 増やす;

アルゴリズム 22 を図 4.9 を使い, 説明していきます.

アルゴリズム 22 を MERGESORT(data, 0, 9) と呼ぶことで, 実行ができます. left が 0, right が 9 であるため, 2 行目の条件を満たすので, 3 行目から 14 行目が実行されます. まずは, mid が 4 となります. そして, 再帰 MERGESORT(data, 0, 4) に入ります. 図 4.9 の 1 列目右の data[0] から data[4] の矢印が対象となる範囲です. 同じように, mid が 2 となり, 再帰 MERGESORT(data, 0, 2) に入ります. 同じように, mid が 1 となり, 再帰 MERGESORT(data, 0, 1) に入ります. mid が 0 となり, もう分割できないため, 統合がおこなわれます. copyLeft には 22 と最大の数値を, copyRight には 94 と最大の数値を入れます (6 行目, 7 行目). これらを順に data[0], data[1] に入れてきます. copyLeft[0] が 22 で, copyRight[0] が 94 なので 17 行目の条件が満たされます. そのため, data[0] には, 22

4.5 マージソート

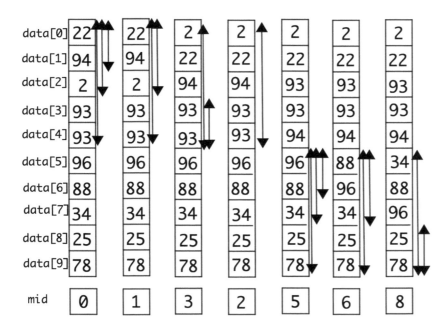

図 4.9 マージソートの過程

が入ります．次に比較するのは，copyLeft[1] と copyRight[0] です．copyLeft[1] には最大の数値が入っていますので，copyRight[0] が必ず小さくなり，copyRight[0] が data[1] に入り，統合が終わります (図 4.9, 2 列目)．この最大の数値は，番兵です．統合は両方の配列が終わるまで続きます．元の配列に，片方の配列が全て代入されたときには，比較する対象がなくなります．そのため，最大の数値を最後に入れておき，残っている配列の値が必ず入るようにしています．

MERGESORT(data, 0, 2) をおこないます．この時点で，data[0:1], data[2] はソート済みなので，統合をおこないます．copyLeft には 22, 94 と最大の数値を，copyRight には 2 と最大の数値を入れます (6 行目，7 行目)．まず，copyLeft[0] が 22 で，copyRight[0] が 2 なので，data[0] には 2 が入ります．次に，copyLeft[0] が 22 で，copyRight[1] は最大の数値なので，data[1] には 22 が入ります．さらに，data[2] には 94 が入ります (図 4.9, 3 列目)．MERGESORT(data, 3, 4) をおこないます．ここは，同じ数字しかありませんので，そのままとなります (図 4.9, 4 列目)．

MERGESORT(data, 0, 4) の統合をおこないます．copyLeft には 2, 22, 94 と最大の数値を，copyRight には 93, 93 と最大の数値を入れます (6 行目，7 行目)．まず，copyLeft[0] が 2 で，copyRight[0] が 93 なので，data[0] には 2 が入ります．次に，copyLeft[1] が 22 で，copyRight[0] が 93 なので，data[1] には 22 が入ります．さらに，copyLeft[2] が 94 で，copyRight[0] が 93 なので，data[2] には 93 が入ります．さらに，data[3] には 93 が，data[4] には 94 が入ります (図 4.9, 5 列目)．

[練習] 先の説明の続き，MERGESORT(data, 5, 9) 以降をおこなってみましょう．そのとき，比較の回数，データのコピーの回数を数えてみましょう．また，データの最後に 8, 15 を加えたときの比較とデータのコピーの回数を数えてみましょう．

実装

プログラム 4.5 は, マージソートを実装したものです.

リスト 4.5　マージソート

```
const Merge_Sort = {
    sort: function(dataset) {
        const mergeSort = function (data, left, right) {
            if (left < right) {
                const copyLeft = [];
                const copyRight = [];
                const mid = Math.floor((left + right) / 2);

                mergeSort(data, left, mid);
                mergeSort(data, mid + 1, right);

                for (let i = left; i <= mid; i++) {
                    copyLeft.push(data[i]);
                }
                copyLeft.push(Number.MAX_VALUE);

                for (let j = mid + 1; j <= right; j++) {
                    copyRight.push(data[j]);
                }
                copyRight.push(Number.MAX_VALUE);

                let i = 0;
                let j = 0;
                for (let k = left; k <= right; k++) {
                    if (copyLeft[i] < copyRight[j]) {
                        data[k] = copyLeft[i];
                        i += 1;
                    } else {
                        data[k] = copyRight[j];
                        j += 1;
                    }
                }
            }
        }
        mergeSort(dataset, 0, dataset.length - 1);
    }
};
let dataset = [22,94,2,93,93,96,88,34,25,78];
Merge_Sort.sort(dataset);
```

プログラム 4.5 は, アルゴリズム 22 をそのまま実装しています.

図 4.10 は, マージソートアプリの実行画面です.

図 4.10 左は, マージソートの起動時の画面です. 図 4.10 中は, 図 4.10 中で, 開始 を押し, ソートを終わらせた後の画面です. データ数は, 20 まで増やすことができます (図 4.10 左).

解析

マージソートの計算量を考えます. まず, 比較の回数 a_n を考えていきましょう. アルゴリズム 22 を見ると, 最初に 1 度比較をおこない (3 行目), その後で半分の大きさの問題を 2 個解いています (6 行目, 7 行目). そのため, 比較回数は $2a_{n/2}$ となります. 10 行目から 14 行目の for 文は, 元の問題の大きさ n が繰り返しの回数となります. それぞれの繰り返しで, 1 度だけ比較をおこなうので, 比較回数は, n となります. よって, 漸化式 (4.3) が成り立ちます.

$$a_n = 1 + 2a_{n/2} + n \ (n = 2, 3, \ldots), \quad a_1 = 0. \tag{4.3}$$

4.5 マージソート

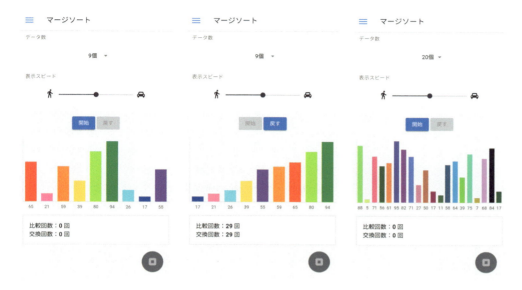

図 4.10 マージソートアプリの動作

漸化式 (4.3) を $n = 2^N$ の時に解きます.
$$a_{2^N} = 1 + 2a_{2^{N-1}} + 2^N.$$
$$a_{2^N} + 1 = 2(a_{2^{N-1}} + 1) + 2^N.$$
ここで, $b_N = a_{2^N} + 1$ とすると, 漸化式 (4.4) が得られます.
$$b_N = 2b_N + 2^N \ (N = 1, 2, \ldots), \quad b_0 = 1. \tag{4.4}$$
両辺を 2^N で割ると, 漸化式 (4.4) を繰り返し使うことができます.
$$\frac{b_N}{2^N} = \frac{b_{N-1}}{2^{N-1}} + 1 = \frac{b_{N-2}}{2^{N-2}} + 1 + 1$$
$$= \frac{b_0}{2^0} + 1 + \cdots + 1 = N + 1$$
よって, b_N が計算できました.
$$b_N = 2^N(N+1) \ (N = 0, 1, 2, \ldots).$$
a_n に戻し, $N = \log_2 n$ に注意すると, 次の変形ができます.
$$a_{2^N} = b_N - 1 = 2^N(N+1) - 1$$
$$a_n = n(\log_2 n + 1) - 1 \sim O(n \log n)$$
$n = 2^N$ の場合が証明できました. $n \neq 2^N$ の場合も, $a_n \leq n(\log_2 n + 1) - 1$ となることが示せます.

今, T_n をアルゴリズム 22 の時間計算量とします. T_n は漸化式 (4.5) によって表されます.
$$T_n = 2T_{\frac{n}{2}} + O(n) \tag{4.5}$$
漸化式 (4.5) は, 漸化式 (4.3) と同じ形をしていますので, $T_n = O(n \log n) = cn \log_2 n$ となると考えられます. これを帰納法で確かめます. $n = 1$ のとき, $T_1 = c \cdot 1 \cdot \log_2 n = 0$ と

なり，成り立ちます．n 以下の整数で命題が成り立つと仮定します．つまり，

$$T_{\frac{n}{2}} = O\left(\frac{n}{2}\log\frac{n}{2}\right) = c \cdot \frac{n}{2} \cdot \log_2 \frac{n}{2}$$

が成り立つことを仮定します．このとき，

$$\begin{aligned}T_n &= 2T_{\frac{n}{2}} + O(n) \\ &= 2 \cdot c \cdot \frac{n}{2}\log_2\frac{n}{2} + c'n \\ &= cn(\log_2 n - 1) + c'n \\ &\leq cn\log_2 n \sim O(n\log n).\end{aligned}$$

以上から，次の定理が成り立ちました．

定理 9 マージソート (アルゴリズム 22) により，n 個のデータのソートは $O(n\log n)$ 時間で終わります．

また，一般の分割統治法で，統合が $O(n)$ で終わる場合は，同じ漸化式で表されますので，上の証明で，次のことも示せています．

系 2 常にデータを 2 等分する分割統治法で，統合が $O(n)$ 時間で終わるアルゴリズムの時間計算量は，$O(n\log n)$ となります．

4.6　ソートに関する話題

ソートは古くから研究されており，様々な結果が知られています．興味のある方は，K. Wayne, R. Sedgewick による"Algorithms in C" (邦訳 アルゴリズム C, 野下ら) を見てください．また，T.Cormen らによる"Introduction to Algorithms" (邦訳 アルゴリズムイントロダクション, 浅野ら) にも非常に多くの結果が書かれています．

ここでは，ヒープを使ったヒープソート，ソートの最悪時の下界と線形時間でソートができる**計数**ソートについて説明します．

ヒープソート

ヒープを使うことで，簡単にソートができます．データを全てヒープに代入します．そして，ヒープからデータを取り出すと，最小 (もしくは最大) の値が出てきます．そのため，全てのデータをヒープから取り出すと，ソート済みのデータが得られます．

アルゴリズムとして書くと，次のように書けます．

アルゴリズム 23 ヒープソート

入力: data[] : n 要素の配列
出力: data[] : ソート済み配列
1: **for** (i を 0 から $n-1$ まで増やす)
2: 　　ヒープ H に data[i] を入れる;
3: **for** (i を 0 から $n-1$ まで増やす)
4: 　　H から要素を取り出し，data[i] に入れる;

4.6 ソートに関する話題

アルゴリズム 23 の計算量を考えましょう．n 要素のヒープにデータを入れるための計算時間は，$O(\log n)$ でした (定理 5)．そのため，1 行目から 2 行目の `for` 文は，$O(n \log n)$ 時間で終わります．ヒープからデータを取り出す計算時間は，$O(1)$ です．その後，ヒープの調整に $O(\log n)$ 時間かかります．よって，3 行目から 4 行目の `for` 文は，$O(n \log n)$ 時間で終了します．以上から，ヒープソートの計算時間は，$O(n \log n)$ となります．

定理 10 ヒープソート (アルゴリズム 23) により，n 個のデータのソートは $O(n \log n)$ 時間で終わります．

ソートの最悪時の下界

ソートをするには，基本的に 2 つのデータを比較して，その結果によって分岐します．その後，次の比較をおこなって，また分岐をおこなうということを繰り返していくと，ソートすることができます．つまり，各ノードが比較であるような二分木でソートが表現されます．この二分木を**決定木**と呼びます．決定木の葉の部分は，全ての順列の全ての場合がないとソートにはなりません．決定木の葉までの道が与えられたデータをソートすることに対応します．つまり，木の高さがソートのアルゴリズムの下界になります．

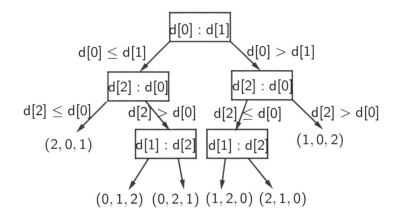

図 4.11 決定木

図 4.11 は，3 個のデータ $(d[0], d[1], d[2])$ の決定木です．それぞれのノードで書かれているデータの比較をおこないます．おこなった結果により，分岐をおこないます．例えば，$d[0] = 7, d[1] = 2, d[2] = 5$ の場合を考えてみましょう．まず，$d[0]$ と $d[1]$ を比較し，$d[0] > d[1]$ なので，右に進みます．次は，$d[2]$ と $d[0]$ を比較し，$d[2] \leq d[0]$ なので，左に進みます．最後に，$d[1]$ と $d[2]$ を比較し，$d[1] > d[2]$ なので，左に進みます．よって，$d[1] = 2 < d[2] = 5 < d[0] = 7$ という順序になり，$(1, 2, 0)$ の順にソートできたことになります．決定木の葉には全ての順列が出てきていることがわかります．

[練習] $d[0] = 2, d[1] = 4, d[2] = 1$ の場合を決定木に対しておこない，どのような順序でソートされるかを試してみなさい．また，それ以外の場合も考えてみましょう．

今，決定木の高さを h とすると，その葉の数は，高々 2^h となります．そのため，h と n

には関係
$$n! \leq 2^h$$
が成り立つ必要があります．両辺で対数をとると，次式が成り立ちます．
$$\log_2(n!) \leq h.$$
スターリングの公式を用いると，h の最小値が得られます．
$$\begin{aligned} h &\geq \log_2(n!) \\ &\geq \log_2\left(\frac{n}{e}\right)^n \\ &= n(\log_2 n - \log_2 e) = \Omega(n \log n) \end{aligned} \tag{4.6}$$

よって，次の定理が成り立ちました．

定理 11 n 要素をソートする決定木の高さは，$\Omega(n \log n)$ です．つまり，ソートのアルゴリズムの下界は，$\Omega(n \log n)$ です．

これにより，次の系が成り立ちます．

系 3 マージソート (アルゴリズム 22) とヒープソート (アルゴリズム 23) は，$\Theta(n \log n)$ 時間で終了する最適なソートです．

用語説明：スターリングの公式

スターリングの公式は，$n!$ を評価するのに使えます．正確なスターリングの公式は，次のように書けます．
$$n! = \sqrt{2\pi n} \left(\frac{n}{e}\right)^n \left(1 + \frac{1}{12n} + \frac{1}{288n^2} - \frac{139}{51840n^3} + O\left(\frac{1}{n^4}\right)\right)$$

この両辺で底 2 の対数をとると，次の式が得られます．
$$\begin{aligned} \log_2(n!) &= \log_2\left(\sqrt{2\pi n}\left(\frac{n}{e}\right)^n\left(1+\frac{1}{12n}+\frac{1}{288n^2}-\frac{139}{51840n^3}+O\left(\frac{1}{n^4}\right)\right)\right) \\ &= \frac{1}{2}\log_2(2\pi n) + n(\log_2 n - \log_2 e) \\ &\quad + \log_2\left(1+\frac{1}{12n}+\frac{1}{288n^2}-\frac{139}{51840n^3}+O\left(\frac{1}{n^4}\right)\right) \\ &\sim n\log_2 n - n\log_2 e + \frac{1}{2}\log_2 n + O(1) \\ &\sim O(n\log n) \end{aligned}$$

対数を取っていますので，積の部分は和にできます．また，指数は前に出すことができます．よって，4 行目の式ができます．4 行目の式の中で，最も大きい項は，$n\log_2 n$ ですので，オーダ記法で書くと，$O(n\log n)$ となります．

計数ソート

計数ソートは，1 から k の整数のデータ[*1]をソートするアルゴリズムです．計数ソートのアイデアは，ある整数よりも小さいデータがいくつあるかをうまく数えることです．

まず，データを調べていき，それぞれの数が幾つあるかを数えます．数えた後に，先頭から和を取っていくと，それ以下の値の個数を数えることができます．個数がわかっていると，その数字が元のデータの何番目になるかがわかります．これをアルゴリズムとして書くと，アルゴリズム 24 になります．

アルゴリズム 24 計数ソート

入力: data[] : n 要素の配列
入力: k : 正の整数
出力: result[] : ソート済み配列
 1: 大きさ k の配列 count[] を 0 で初期化;
 2: **for** (j を 0 から data の大きさまで増やす)
 3:     count[data[j]] を 1 増やす;   // count[j] は，data 中の i のデータ数を保存
 4: **for** (i を 1 から k まで増やす)
 5:     count[i] ← count[i] + count[$i-1$];
 6:             // count[i] は，i 以下のデータ数を保存
 7: **for** (j を (data の大きさ)−1 から 0 まで減らす)
 8:     result[count[data[j]]−1] = data[j];
 9:     count[data[j]] を 1 減らす;

[例] 22, 94, 2, 93, 93, 96, 88, 34, 25, 78 を計数ソートを使い，ソートしてみましょう．3 行目が終わった時点で，配列 count には，次の値が入っています．

> count[2]=1, count[22]=1, count[25]=1, count[34]=1, count[78]=1, count[88]=1, count[93]=2, count[94]=1, count[96]=1, count[i]=0 (それ以外).

次に，4 行目から 5 行目の for 文を実行します．count の前の値と自身の値を足していくので，順に値が大きくなっていきます．

> count[2]=1, count[22]=2, count[25]=3, count[34]=4, count[78]=5, count[88]=6, count[93]=8, count[94]=9, count[96]=10.

上に書いていない count の値は，その前の値と同じです．例えば，count[2] から count[21] までの値は全て 1 です．これは，i ($1 \leq i < 22$) よりも小さい値は，1 個であることを意味しています．次の count[22] から count[24] までの値は全て 2 です．これは，i ($22 \leq i < 25$) よりも小さい値は，2 個であることを意味しています．

ソートをおこなう部分 (6 行目から 8 行目) をみていきましょう．最初は，data[9]=78 を配置します．count[78]=5 なので，結果の配列 result の 5 番目に入れれば良いことになります．つまり，result[5-1]=result[4] に 78 を代入します．そして，count[78] の値を 1 だけ

[*1] 一般の数値や文字列をソートすることはできません．

減らします．

countの値を減らしているのは，同じ値がある時の対策です．data[4]=93のときを考えましょう．まず，count[93]=8なので，result[7]に93を入れます．そして，count[93]=7とします．再度，data[3]=93がくると，count[93]=7なので，result[6]に93を入れます．同じ値が複数あるときは，後ろから順番に入れていくことになります．

これで，先頭までデータを配置していくと，ソートが終わります． □

さて，アルゴリズム24の計算時間を考えましょう．1行目と4行目から5行目の部分は，$O(k)$ 時間で終わります．2行目から3行目のfor文，6行目から8行目のfor文は，$O(n)$ 時間で終わります．つまり，全体としてのソートは，$O(n+k)$ 時間で終わります．もし，$k=O(n)$ であれば，ソートは $O(n)$ 時間で終わります．ただし，$O(n+k)$ の領域が必要となります．

この結果は，前に説明したソートの下界である $\Omega(n \log n)$ 時間と矛盾しないのでしょうか．計数ソートは，整数値だけがソートできると説明しました．一般の数値 (実数) をソートするためには，数を保存するcountのサイズ k を大きくすることで，対応ができないわけではありません．しかし，サイズが $k=O(n \log n)$ よりも大きくなると，下限を超えてしまいます．また，非常に大きな領域が必要となってきます．つまり，一般の数値をソートしようとすると，$O(n)$ ではソートできなくなることになります．

おわりに

みなさん，本書を読んでアルゴリズムの動作が説明できるようになってきたでしょうか．アプリでアルゴリズムの動作を見るだけでも雰囲気はつかめると思います．擬似コードで書かれたアルゴリズムを見て，その動作がわかるようになったでしょうか．もし，実装や解析の部分を読んでいないなら，次はチャレンジしてみましょう．最初に見たときは難しいと思ったところも，少しずつ理解できるようになっていると思います．

本書であげたアルゴリズムは基本的なものであり，発展的なアルゴリズムが多数あります．興味がある方は，代表的な書籍をあげますので，チャレンジしてみてはどうでしょうか．

Donald E. Knuth, The Art of Computer Programming, Volumes 1-4A, Addison-Wesley Professional.
(邦訳) Donald E. Knuth 著, 有澤 誠, 和田 英一 (監訳),
The Art of Computer Programming Volume 1 Fundamental Algorithms Third Edition 日本語版, KADOKAWA, 2015.
The Art of Computer Programming Volume 2 Seminumerical Algorithms Third Edition 日本語版, KADOKAWA, 2015.
The Art of Computer Programming Volume 3 Sorting and Searching Second Edition 日本語版, KADOKAWA, 2015.
The Art of Computer Programming Volume 4A Combinatorial Algorithms Part1 日本語版, KADOKAWA, 2017.

アルゴリズムとデータ構造というとまずこの本ですが，読むことが非常に大変な本でもあります．アルゴリズム系の研究室に所属すると，輪講という形で読むこともあります．日本語訳もあります．

Thomas H. Cormen, Charles E. Liesrson, Ronald L. Rivest, Clifford Stein, Introduction to Algorithms, Third Ed., The MIT Press, 2009.
(邦訳) T. コルメン, C. ライザーソン, R. リベスト, C. シュタイン 著, 浅野 哲夫, 岩野 和生, 梅尾 博司, 山下 雅史, 和田 幸一 訳,
アルゴリズムイントロダクション 第 3 版第 1 巻: 基礎・ソート・データ構造・数学 (世界標準 MIT 教科書), 近代科学社, 2012.
アルゴリズムイントロダクション 第 3 版第 2 巻: 高度な設計と解析手法・高度なデータ構造・グラフアルゴリズム (世界標準 MIT 教科書), 近代科学社, 2012.
アルゴリズムイントロダクション 第 3 版 総合版 (世界標準 MIT 教科書), 近代科学社, 2013.

こちらも定番の教科書です．一人で読み通すのは大変な本でもあります．分冊での日本語訳もありますので，そちらをゆっくりと読むのも良いでしょう．

> Robert Sedgewick, Kevin Wayne, Algorithms, 4th Ed., Addison-Wesley Professional, 2011.
> (邦訳) R. セジウィック著, 野下浩平, 星 守, 佐藤 創, 田口 東 訳,
> アルゴリズム C 第 1 - 4 部 —基礎・データ構造・整列・探索—, 近代科学社, 2018.
> アルゴリズム C 第 1 巻 基礎・整列, 近代科学社, 1996.
> アルゴリズム C 第 2 巻 探索・文字列・計算幾何, 近代科学社, 1996.
> アルゴリズム C 第 3 巻 グラフ・数理・トピックス, 近代科学社, 1996.

情報系の学部学科で教科書として，利用されていることもあります．1996 年出版の日本語訳は 3 分冊となっていますので，自身でゆっくりと読み進めるのも良いでしょう．

ここまでの 3 冊は，世界的に有名な書籍で，内容も非常にしっかりとしている書籍です．また，Python から学びはじめ，アルゴリズムのことも学びたいというと，次の書籍もあります．

> John V. Guttag, Intorduction to Computation and Programming Using Python, revised and expanded Ed., The MIT Press, 2013.
> (邦訳) Guttag John V. 著, 久保 幹雄 監訳, Python 言語によるプログラミングイントロダクション第 2 版：データサイエンスとアプリケーション, 近代科学社, 2017.

訳本ではなく，日本語で書かれた書籍も多数あります．Amazon などで調べると非常に多くの書籍が出てきます．これらの書籍は，次の 3 種類に分けられます．

分類 1　アルゴリズム論をしっかりと勉強するための書籍．大学の先生が書いていることが多く，情報系学部/学科の教科書として用いられます．数式も多く，理解するためには時間を使い勉強する必要があります．多くの場合は実際に動作するコードはなく，アルゴリズムを擬似コードとして記載しています．

分類 2　アルゴリズムのソースコードが載っている書籍．プログラミング言語でアルゴリズムを実装し，ソースコードを元に，アルゴリズムの動作を説明しています．アルゴリズムの解析は，簡略化されているか，結果だけを書いてあることもあります．

分類 3　アルゴリズムを理解するための書籍．ソースコードはほとんどなく，アルゴリズムの動作を図解する，アプリなどで体感するものです．図が多く，数式はほとんど出てきません．書籍によっては，アルゴリズムの実行時間が書かれていることもあります．

それぞれの分類に入る書籍は，以下のものがあります．ここであげている書籍は，代表的な書籍であり，古い順に並べています．自身が，今後どのようなことを学びたいのかを考えて，選んでください．

分類 1

> 星 守, データ構造, 昭晃堂, 2002.
> 浅野 哲夫, アルゴリズム・サイエンス:入口からの超入門 (アルゴリズム・サイエン

スシリーズ 1—超入門編), 共立出版, 2006.

上原 隆平, はじめてのアルゴリズム, 近代科学社, 2013.

平田 富夫, アルゴリズムとデータ構造 第 3 版, 森北出版, 2016.

藤原 暁宏, アルゴリズムとデータ構造 (第 2 版) (情報工学レクチャーシリーズ), 森北出版, 2016.

伊藤 大雄, データ構造とアルゴリズム (コンピュータサイエンス教科書シリーズ), コロナ社, 2017.

浅野 孝夫, アルゴリズムの基礎とデータ構造: 数理と C プログラム, 近代科学社, 2017.

茨木 俊秀, C によるアルゴリズムとデータ構造 (改訂 2 版), オーム社, 2019.

分類 2

近藤 嘉雪, 定本 Java プログラマのためのアルゴリズムとデータ構造, ソフトバンククリエイティブ, 2011.

紀平 拓男, 春日 伸弥, プログラミングの宝箱 アルゴリズムとデータ構造 第 2 版, ソフトバンククリエイティブ, 2011.

河西 朝雄, 改訂第 4 版 C 言語によるはじめてのアルゴリズム入門, 技術評論社, 2017.

柴田 望洋, 新・明解 C 言語で学ぶアルゴリズムとデータ構造 (明解シリーズ), ソフトバンククリエイティブ, 2017.

西澤 弘毅, 森田 光, Python で体験してわかるアルゴリズムとデータ構造, 近代科学社, 2018.

分類 3

森巧尚, 楽しく学ぶ アルゴリズムとプログラミングの図鑑, マイナビ出版, 2016.

石田 保輝, 宮崎 修一, アルゴリズム図鑑 絵で見てわかる 26 のアルゴリズム, 翔泳社, 2017.

中植 正剛, 太田 和志, 鴨谷 真知子, Scratch で学ぶ プログラミングとアルゴリズムの基本 改訂第 2 版, 日経 BP 社, 2019.

本書サポートページ
https://edu.monaca.io/data

アプリで学ぶ データ構造とアルゴリズム

| 2019年10月01日 | 初版第1刷発行 |
| 2020年09月01日 | 初版第2刷発行 |

著 者　　大西建輔
発行所　　アシアル株式会社
　　　　　〒113-0034　東京都文京区湯島2-31-14
　　　　　ファーストジェネシスビル
　　　　　TEL.03 (5875) 6862　FAX.03 (5875) 6216
　　　　　https://asial.co.jp
発売元　　学術研究出版／ブックウェイ
　　　　　〒670-0933　兵庫県姫路市平野町62
　　　　　TEL.079 (222) 5372　FAX.079 (244) 1482
　　　　　https://bookway.jp
印刷所　　小野高速印刷株式会社
　　　　　©Kensuke Onishi
　　　　　2019, Printed in Japan
　　　　　ISBN978-4-86584-430-6

乱丁本・落丁本は送料小社負担でお取り換えいたします。
本書のコピー、スキャン、デジタル化等の無断複製は著作権法上での例外を除き禁じられています。本書を代行業者等の第三者に依頼してスキャンやデジタル化することは、たとえ個人や家庭内の利用でも一切認められておりません。